U0711630

"少年轻科普"丛书

博物馆里的成语

沅汰 / 著

广西师范大学出版社
·桂林·

序
PREFACE

每个孩子都应该有一粒种子

在这个世界上，有很多看似很简单，却很难回答的问题，比如说，什么是科学？

什么是科学？在我还是一个小学生的时候，科学就是科学家。

那个时候，"长大要成为科学家"是让我自豪和骄傲的理想。每当说出这个理想的时候，大人的赞赏言语和小伙伴的崇拜目光就会一股脑地冲过来，这种感觉，让人心里有小小的得意。

那个时候，有一部科幻影片叫《时间隧道》。在影片中，科学家可以把人送到很古老很古老的过去，穿越人类文明的长河，甚至回到恐龙时代。懵懂之中，我只知道那些不修边幅、蓬头散发、穿着白大褂的科学家的脑子里装满了智慧和疯狂的想法，它们可以改变世界，可以创造未来。

在懵懂学童的脑海中，科学家就代表了科学。

什么是科学？在我还是一个中学生的时候，科学就是动手实验。

那个时候，我读到了一本叫《神秘岛》的书。书中的工程师似乎有着无限的智慧，他们凭借自己的科学知识，不仅种出了粮食，织出了衣服，造出了炸药，开凿了运河，甚至还建成了电报通信系统。凭借科学知识，他们把自己的命运牢牢地掌握在手中。

于是，我家里的灯泡变成了烧杯，老陈醋和碱面在里面愉快地冒着泡；拆开的石英表永久性变成了线圈和零件，只是拿到的那两片手表玻璃，终究没有变成能点燃火焰的透镜。但我知道科学是有力量的。拥有科学知识的力量成为我向往的目标。

在朝气蓬勃的少年心目中，科学就是改变世界的实验。

什么是科学？在我是一个研究生的时候，科学就是炫酷的观点和理论。

那时的我，上过云贵高原，下过广西天坑，追寻骗子兰花的足迹，探索花朵上诱骗昆虫的精妙机关。那时的我，沉浸在达尔文、孟德尔、摩尔根留下的遗传和演化理论当中，惊叹于那些天才想法对人类认知产生的巨大影响，连吃饭的时候都在和同学讨论生物演化理论，总是憧憬着有一天能在《自然》和《科学》杂志上发表自己的科学观点。

在激情青年的视野中，科学就是推动世界变革的观点和理论。

直到有一天，我离开了实验室，真正开始了自己的科普之旅，我才发现科学不仅仅是科学家才能做的事情。科学不仅仅是实验，验证重力规则的时候，伽利略并没有真的站在比萨斜塔上面扔铁球和木球；科学也不仅仅是观点和理论，如果它们仅仅是沉睡在书本上的知识条目，对世界就毫无价值。

科学就在我们身边——从厨房到果园，从煮粥洗菜到刷牙洗脸，从眼前的花草树木到天上的日月星辰，从随处可见的蚂蚁蜜蜂到博物馆里的恐龙化石……

处处少不了它。

其实，科学就是我们认识世界的方法，科学就是我们打量宇宙的眼睛，科学就是我们测量幸福的尺子。

什么是科学？在这套"少年轻科普"丛书里，每一位小朋友和大朋友都会找到属于自己的答案——长着羽毛的恐龙、叶子呈现宝石般蓝色的特别植物、僵尸星星和流浪星星、能从空气中凝聚水的沙漠甲虫、爱吃妈妈便便的小黄金鼠……都是科学表演的主角。"少年轻科普"丛书就像一袋神奇的怪味豆，只要细细品味，你就能品咂出属于自己的味道。

在今天的我看来，科学其实是一粒种子。

它一直都在我们的心里，需要用好奇心和思考的雨露将它滋养，才能生根发芽。有一天，你会突然发现，它已经长大，成了可以依托的参天大树。树上绽放的理性之花和结出的智慧果实，就是科学给我们最大的褒奖。

编写这套丛书时，我和这套书的每一位作者，都仿佛沿着时间线回溯，看到了年少时好奇的自己，看到了早早播种在我们心里的那一粒科学的小种子。我想通过"少年轻科普"丛书告诉孩子们——科学究竟是什么，科学家究竟在做什么。当然，更希望能在你们心中，也埋下一粒科学的小种子。

"少年轻科普"丛书主编 史军

目录
CONTENTS

002　　　亡羊补牢：丢了羊竟然如此紧张

010　　　拔苗助长：期盼丰收，还有别的办法吗

016　　　买椟还珠：在古代逛街是怎样的

024　　　杯弓蛇影：杯子的故事如此精彩

030　　　狐假虎威：从原始的图腾到权力的象征

038　　　叶公好龙：龙的传人，龙的传说

044　　　画龙点睛：寺庙画壁上有最活泼的龙

050　　　守株待兔：铸造神树的人有着怎样的憧憬

056　　　南辕北辙：想要去心中的远方，先要有对的方向

062　　　坐井观天：曰天小者，非天小也

068　　　掩耳盗铃：四千年前的铜铃声

074　　　螳螂捕蝉：人们为什么偏爱它

082　　　郑人买履：小小的鞋子，长长的历史

088   鹬蚌相争：人类文明的发展史上，它留下了重要的一笔

096   黔驴技穷：刻在石头上的马，写进故事里的驴

102   杞人忧天：天上到底有什么

108   南柯一梦：古人的枕头真稀奇

114   点石成金：传说中的最强技能

120   塞翁失马：换一个角度看世界

126   平步青云：美丽的云带来了无尽的联想

132   门可罗雀：陪伴人类的还有它

140   天衣无缝：人间也有神奇的"天衣"

146   愚公移山：人的意志比山更坚定

152   四面楚歌：音乐的巨大作用

158   人为刀俎，我为鱼肉：最危险的事情

164   不鸣则已，一鸣惊人：在沉默中蓄力

01

亡羊补牢：丢了羊竟然如此紧张

四羊方尊

　　在今天的我们看来，饲养家畜是一件很平常的事。那么，家畜是怎么来的呢？从新石器时代起，人类就开始长期饲养野生动物，将它们逐渐驯化。羊是比较早就被驯化的动物。商代的甲骨文里有"羊"字，还有"牢"字，牢是饲养牲畜的地方。

　　家畜是一个家庭的重要财产，所以，羊是财富的象征。有角的羊还带有"神兽"的性质。人们喜欢羊，商代人把有角羊的形象铸在了贵重的青铜器上，汉代人把铜灯制成羊的样子，魏晋时期的人们烧制青瓷卧羊形烛台……

"羊"可是神兽

在早期人类的认知里，头上的"角"代表力量，它意味着早期人类对力量的崇拜与追求。那时候，头上有角的动物会格外受到重视，比如羊。

在中国国家博物馆里，有一件殷商时期的青铜器——四羊方尊。四羊方尊的腰部环绕着四个羊头，羊头上长着又长又弯的角。在每两头羊之间，还有一只小小的龙，头上也有着两只角。四羊方尊是用来祭祀神灵和祖先的，把羊放到这只酒尊上，是因为羊可以被当作祭品，而且是除了牛以外最贵重的祭品。早期人类认为神灵或者祖先收到了羊，就会赐给大家"祥"。慢慢地，羊就代表"吉祥"了。

羊本来是野兽，早在新石器时代就被人类驯化，作为家畜加以饲养了。养的羊越多，说明这个家庭越富有。汉代的人特别喜欢养羊，羊也就更贵重，买一只羊的钱都够买两头猪了。羊不仅代表吉祥、喜庆，也成了财

小贴士

六畜

古代能饲养的家畜和家禽很多，除了羊，重要的还有牛、马、鸡、犬、豕，合起来叫作"六畜"。人们饲养这些动物除了食用，还会用来祭祀或殉葬。

富的象征。

古人觉得，人去世了，就是去另一个世界生活，那么在另一个世界过日子，也需要有很多生活用品，需要有财富。所以，人们就制作陶器来模拟人活着时所需要的各种生活用品，好让去世的人在另一个世界里继续使用。今天我们在博物馆里见到的陶羊圈，就是当时的人们特意制作出来的陪葬品。

羊是财富和吉祥的象征，丢羊是大事，需要赶紧补救，于是就有了一个成语叫"亡羊补牢"。

亡羊补牢：丢"羊"的原来是一位"王"

最开始丢"羊"的可不是一个普通人，他是战国时期的楚顷襄王。在战国后期的大争之世，顷襄王继承了一份沉甸甸的遗产，这就是楚国七百多年的基业。但是这一份贵重的遗产被西边的秦国人盯上了，秦国人总想着要来抢走。

要说这个顷襄王也真是不争气。他的父亲楚怀王被秦人扣留，死在秦国。顷襄王一点儿也不想着为父亲报仇的事，只知道天天享乐，还任用奸佞小人。楚国大夫庄辛看不下去了，来劝告顷襄王。庄辛跟他说："君王，您身边的人只知道陪着您一味寻欢作乐，让您奢侈无度，荒废了国家大事。秦国盯着我们呢，我们很危险。"可顷襄王一点儿也听不进去，还生气地大骂庄辛："你是不是老糊涂了？简直是胡说八道！"

但事情就像庄辛预料的一样，秦国来攻打楚国，夺取了楚国大片土地，甚至包括楚国的都城。秦国人还焚毁了楚顷襄王家的祖坟。楚顷襄王这次丢的可不仅仅是一只羊了，连羊圈都丢了！

楚国曾经也是强大的国家，春秋五霸里就有一位是楚庄王。没想到，现在楚国被秦国打得差点亡国。

这时候，顷襄王才醒悟过来，他很后悔，对庄辛说："先生啊，我真后悔没听你的话。事情落到了这步田地，该怎么办呢？"于是庄辛劝导顷襄王说："大王，俗话说，打猎的时候要见到兔子再放出猎狗。如果羊圈破了，羊丢了，这时候再把羊圈修补好也不晚的。"

MEET IDIOMS IN MUSEUMS

庄辛想鼓励楚顷襄王，但楚顷襄王最终也没"补好羊圈"，楚国一步一步衰落下去，最终被秦国吞并了。

这个故事出自《战国策》，人们根据故事总结出成语"亡羊补牢"。"亡"是丢失的意思，"牢"在这里是指羊圈，"亡羊补牢"就是指羊丢了要赶紧修补羊圈。

和羊有关的文物

四羊方尊

商代，中国国家博物馆。

"尊"是盛酒器，也是祭祀时用的高级礼器。"尊"有圆的，也有方的。四羊方尊就是一只装饰了羊头的方形酒尊，是中国现存的商代最大的青铜方尊。

四羊方尊出土于湖南省宁乡市，是被暴雨冲刷出来的。经过碳－14测定，四羊方尊所属的年代是殷商晚期。殷商王朝的中心地区在今河南省区域，都城"殷"在今河南省安阳市，就是现在所说的"殷墟"。

但是，很多地区都发现了同样属于商代的遗址或文物，比如四羊方尊的出土地湖南省宁乡市。可见殷商文化不只在中原，在其他地区也有广泛的影响。

羊圈

东汉的绿釉陶羊圈和三国两晋时期的青瓷羊圈。中国国家博物馆。

羊曾经是祭祀用的重要祭品，还可以作为礼物馈赠。汉代民间广泛饲养羊。汉代的随葬品很多都是民间生活风俗的反映，这些陶制的随葬品有：楼房、仓房、羊圈、猪圈、车马、灶、井……羊代表吉祥与富足，羊圈作为随葬品，也寄托着生者对逝者的情感。

02

拔苗助长：期盼丰收，还有别的办法吗

大禾人面纹方鼎

中国是传统的农业国家，有悠久的农业发展史。早在新石器时代，中国人就把野生稻驯化为农作物，并且不断地研究农耕的有利条件，提高耕种技术，提升稻谷的产量和质量。农耕文明是先进的文明，因为有了农耕，人类才能有固定的收成，有了定居的条件。

种粮食是一件大事，也是一件需要顺应天时的事。早在新石器时代，人们就发现天气条件对于农耕非常重要。商代的甲骨卜辞里记录了很多关于求雨的占卜和祭祀。因为那时的水利灌溉技术不够发达，人们只能祈求下雨保证稻谷的生长。五谷丰登是人们生存的根本，也是最诚挚的祈求。

人类早期的粮食

　　一万多年前，人类就开始人工种植水稻。湖南地区就属于最早种植水稻的地方，今天我们还能看到当时留下来的稻谷，只不过已经炭化变黑了。原始农业逐渐发展起来，人们有规律地种植水稻，收获粮食，储藏起来，这样就能保证一年到头都有吃的，不至于挨饿。

　　但是在农业不发达的时候，获得丰收是一件非常没有把握的事。当时使用的农具都是用动物的骨头或者石头制作而成的，比较笨拙，难以使用。此外，起决定性作用的还有天气条件。如果风调雨顺，有利于植物生长，丰收就有希望；而当遇到极端天气，十有八九就要歉收了。

　　为了不挨饿，古人对于丰收的渴望极其强烈，想出了各种办法。古人认为，天上有一个主管农业的农神，只要取悦农神，就可以得到保佑，粮食丰收就有了保证。那么，农神长什么样儿呢？到博物馆去看看就知道了。

　　湖南博物院藏有一件很奇特的文物，是一个大鼎，这个大鼎上有着大大的人脸。这张脸是谁的呢？这就是古人想象中农神的样子。

　　三千多年前，商代的人在祭祀农神的时候，就要用到这个鼎。祭祀是人们设计出来的人与神沟通的仪式。祭祀农神的流程包括：向农神汇报人间关于农业的消息；向农神献上礼物，比如新收的粮食，还有牛、羊等；最重要的是向农神表达愿望，希望来年风调雨顺，让庄稼得以丰收。把这些内容用隆重的方式表现出来，就是祭祀。

　　想让水稻长得好，除了祈求农神，还有别的办法吗？有一个人想要另辟蹊（xī）径。

拔苗助长：恨它你就帮它长大

从前，有一个农夫，他一门心思想把自己的田地耕种好，收获更多粮食。刚开始，他很积极地干农活，非常勤劳。但是日子一天天过去了，他发现自己种下去的秧苗没什么变化，一点都看不出来长高了。这个农夫很着急，他忘了植物的生成有自然规律。这样又过了几天，农夫实在忍不住了，决定帮秧苗一把。于是他费了整整一天的工夫，把每棵秧苗都拔高了一些。傍晚，他满意地回家了。尽管已经累得要命，农夫回到家还是很高兴地告诉儿子，他帮助禾苗长高了。他儿子一听，立刻跑到田里去看，却发现所有的禾苗都已经倒了下来，枯死了。事情的结果和农夫的愿望恰恰相反。

这个故事出自《孟子》，人们从这个故事总结出一个成语"揠（yà）苗助长"。"揠"就是拔的意思，所以也叫"拔苗助长"。把苗拔起来，以为是帮助它生长，其实适得其反。比喻违反事物的发展规律，急于求成，最后事与愿违。

　　讲这个故事的人叫孟子，他生活在两千三百多年前的战国时代。这是一个总有国家在打仗的时代。孟子是一位思想家，是孔子之后儒家学派最重要的代表人物。孟子认为一个国家最重要的是人民，君主应该最大限度地满足人民生活需求；君主要以德服人，而不是靠整天打仗让人服气。这样才符合社会发展的正常规律。打仗是一种极端的办法，看起来好像把别人打服了，但实际上害处大于益处。

　　于是在战火连天的时代，为了不再有民生疾苦，孟子带着他的学生出发周游列国去了。孟子去了好几个诸侯国，希望用自己的观点说服那些国君。这些国君对孟子都很客气，却没有一个人听从他的主张。一转眼就过去了十几年，孟子已经六十多岁了，他带着学生回到故乡开始著书立说，把自己的思想记录下来。

和农业有关的文物

大禾人面纹方鼎

商代，湖南博物院。

大禾人面纹方鼎出土于湖南省宁乡市，因为这个鼎的四面都有一张相同的人脸，所以叫人面纹方鼎。它是世界上唯一一件以人脸为装饰的鼎。鼎身内壁上有"大禾"两个字，这两个字也可以读成"禾大"，这样读的意思就是禾苗长得很茂盛，寓意着丰收。在古代，水稻长得好，秧苗健壮，是非常重要的、可以向天子汇报的大事。

河姆渡骨耜（sì）

新石器时代，中国国家博物馆。

骨耜是一件农具。它的制作材料是大型动物的肩胛骨，比如水牛。在农耕的过程中，有一个重要的环节是翻土，这时候就要用到"耜"这种农具。为什么要翻土呢？因为翻过的土壤质地松软，透气性好，更有利于粮食作物的生长。七千多年前的河姆渡人种植的粮食主要是水稻。

03

买椟还珠：在古代逛街是怎样的

《清明上河图》（局部）

　　买卖行为是什么时候有的呢？我们现在还不能确定。但是我们可以知道，至少在商代就有了买卖行为，因为当时有了货币。最早的货币是"贝"。殷墟的妇好墓出土过六千八百多枚贝，真是好大一笔钱啊。有了钱就能消费，在商代怎么消费我们目前还不知道，可是我们知道在宋代怎么消费，答案就藏在《清明上河图》里。

到一千年前去逛商店

　　故宫博物院收藏有一幅北宋的名画——《清明上河图》。这幅画描绘的是北宋都城汴（biàn）梁（今河南省开封市）的风光，其中有汴梁的街市。汴梁的街市上有很多店铺，出售各种商品，衣食住行无所不包。这幅画里有酒楼、饭店、杂货店、花店、书店、鞋店……当然，也少不了首饰店。首饰店可以制作各种珠翠首饰，以及身上佩戴的饰品。

　　这些首饰店制作什么样的首饰来引领民间潮流，有一个很重要的风向标，那就是看宫廷贵妇喜欢什么。

　　宋仁宗时，有位备受皇帝宠爱的张贵妃，她特别喜欢珍珠。有一次，张贵妃精心打扮，戴了满头的珍珠首饰去见皇帝。没想到，宋仁宗一看到张贵妃，就举起袖子来遮住自己的脸，非常不高兴地说："满头一片白纷纷的，也不知道些忌讳。"珍珠是白色的，如果满头都是珍珠首饰，那当然就是头上一片白色，这在古代是不吉祥的。张贵妃看到皇帝生气了，吓得赶紧把头上的首饰都换掉再来见宋仁宗，这时宋仁宗才高兴起来。

其实，宋仁宗并不是真的忌讳张贵妃满头白纷纷，而是因为宫里的人喜欢珍珠首饰，民间的珍珠价格必然就会高涨。宋仁宗担心民间以奢侈为风气，才假装不喜欢珍珠。这样，民间就不会流行，珍珠的价格也就能降下来。

不过，也有这么一个人，他为了把自己的宝珠卖一个好价钱，挖空了心思想办法。

小贴士
繁华的都城

北宋的都城——东京汴梁，是一个市民经济非常发达的城市,当时的市民生活非常方便。除了《清明上河图》,宋朝孟元老所写的《东京梦华录》里也有详细描写。我们能在书里看到,汴梁的州桥夜市十分热闹,有各种吃的,比如肉食、冷饮、果脯……人们能在这里尽兴地吃到半夜三更。相国寺里的市场更是应有尽有,卖生活用器的,还有卖幞 (fú) 头、首饰、书画、药材的……

买椟还珠：古代也有过度包装

这是一个楚国人，他家里有一颗宝珠，为了把这颗宝珠卖个好价钱，他想了一个好办法。楚国人用非常名贵的、带有香气的木料做了一个漂亮的盒子。他嫌香气还不够，又买了名贵的香料回来给这个盒子熏香。为了让这个盒子再华美一些，楚国人又用玫瑰色的美玉和碧绿的翠玉来给这个盒子做装饰。等到一切都准备好了，再把宝珠放进盒子里。原来，他费了这么多钱和精力制作的盒子，只是给宝珠准备的外包装而已。

这吸引了一个郑国人，肯出大价钱来买。楚国人拿到钱很开心，把装着宝珠的盒子交给了郑国人。郑国人仔细把玩这个盒子，闻着盒子雅致的幽香，再看到那些精美的玉饰，觉得这盒子完全值这个价钱，非常开心。当他发现盒子里竟然还有一颗珠子时，他以为这是楚国人粗心，忘记了还有东西放在盒子里。于是郑国人把宝珠还给了楚国人，高兴地带着盒子回家了。

这个故事总结出来一个成语叫作"买椟还珠"。"椟"是木匣。买下了珍珠却留下外面包装的木匣，把珍珠归还给卖主。比喻取舍不当，抓住次要的，却丢了主要的。

　　这个故事记录在战国思想家韩非子的著作《韩非子》里，韩非子是法家学派的代表人物。这个故事就是告诉大家，听人说话不能只注意他的言辞是否华丽。华丽的言辞和简洁的言辞一样，都是为了说明道理、讲明观点。如果言辞过于华丽，就会过于吸引人的注意，而使人忘记了语言本身所要说明的道理和观点。

和商业有关的文物

《清明上河图》卷

北宋，画家张择端，故宫博物院。

《清明上河图》展开后全长528.7厘米，这幅画里有城郭、楼观、屋宇、街道、市肆、桥梁、林木、人物……《清明上河图》从场景来说可以分为三个部分：城内的街市、汴河两岸、城郊春色。其中的虹桥、城门等是画中的标志物。这幅画在大的框架之下又设置了许多小的场景，再用这些场景组成了内容丰富的北宋末年风俗画面。

《清明上河图》（局部）

04

杯弓蛇影：杯子的故事如此精彩

金瓯永固杯

作为一种生活常用器皿，杯子的历史很久远。早在新石器时代，就有了漂亮的彩陶杯；商代有嵌绿松石的象牙杯；战国有通体透明的水晶杯；唐代有带着异域风格的玻璃杯……除了实用功能，有的杯子还有着特殊的意义。

最尊贵的酒杯

　　杯子的历史很悠久，至少在五千年前，人们就已经开始使用陶制的杯子。两千两百多年前的战国时期甚至有通体透明的水晶杯，这只水晶杯今天还完好无损地收藏在博物馆里，它的形状和今天使用的杯子也非常相似。唐代有奇特的镶金玛瑙杯，样子像一只瞪圆了眼睛的野兽，兽头上还长着两只角。

　　"葡萄美酒夜光杯，欲饮琵琶马上催。醉卧沙场君莫笑，古来征战几人回？"这首唐诗流传至今，写了一个即将要上战场的战士，正要端起盛满美酒的酒杯时，听到了出发的军令。他满身豪气，说如果自己倒在战场上，那一定是因为醉了而不是因为战死。

　　这只盛满葡萄美酒，也盛满了豪情的夜光杯随着诗歌流传千古，另一只故宫博物院收藏的酒杯——"金瓯（ōu）永固杯"，则因为它的主人和用途而地位特殊。

　　金瓯永固杯是清代皇家用的礼器，它的

小贴士
金瓯永固

　　"金瓯"是指金制的小盆。南北朝时期，南朝梁武帝萧衍曾经做过一个梦，梦到自己一统南北。梁武帝跟自己的大臣说，"我的国家像金瓯一样完整"。此后，"金瓯"就用来指代江山社稷。

主人是清代的乾隆皇帝。这只酒杯只在每年的正月初一用一次，而且只能乾隆皇帝专用。初一这天，宫殿里点了香，皇帝用笔写下一些吉祥话。这只镶满了宝石和珍珠的华丽酒杯里已经盛满了散发着香气的酒。乾隆皇帝喝了这杯酒，就表示新的一年开始了，开年大吉，国家安定，江山社稷永远稳固。

喝杯酒，这是一个很平常的行为，但喝酒的时候也可能会发生一些怪事，比如下面说到的这件事。

杯弓蛇影：杯子里竟然有条蛇

汉朝时有一个县令。有一天，县令请手下办事的小吏到他家去喝酒、吃饭。酒席设在县令家的客厅里。

县令邀请小吏共饮一杯。小吏端起酒杯正要喝的时候，忽然发现，他的酒杯里竟然有一条小蛇在游动，顿时把他吓出一身冷汗。小吏想拒绝上司，却又没有胆量，勉强硬着头皮把杯子里的酒喝了。他喝完酒，看到杯子里不但酒没了，小蛇也没了，心里非常害怕。县令并不知道发生了什么事，还在热情地邀请小吏再喝几杯。

回到家里，小吏越想越害怕，总觉得那条小蛇就在自己肚子里游动。小吏觉得小蛇越动越厉害，他的肚子也越来越疼。小吏生病了，病情一天比一天重，慢慢地，他连吃饭、喝水也困难起来，甚至卧床不起了。小吏的家人赶紧请大夫来医治，可是小吏吃了医生开的药，一点效果也没有。

县令到小吏家里来探望他。这时小吏不再隐瞒，就把那天自己喝酒的时候喝到一条蛇的事告诉了县令。县令觉得这事很奇怪，回家以后想了很久，他回忆着当时的场景，坐在小吏坐过的地方，在自己面前放了一个酒杯。忽然，他发现杯子里果然有一条像小蛇一样的东西在游动。再仔细一看，县令发现，那并不是真的蛇，而是一个影子。原来，是墙上挂着一张弓，弓的影子投进酒杯里，就好像一条小蛇一样。

县令恍然大悟，立刻派人去小吏家把他接来，给他看了那条所谓的"蛇"是怎么回事。小吏弄清真相，心里的怀疑消失了，病很快就好了。

这个故事出自《风俗通义》，后来总结出一个成语叫"杯弓蛇影"，形容因为疑神疑鬼而产生的恐惧。

与杯子有关的文物

金瓯永固杯

清代，故宫博物院。

"金瓯永固"就是国家疆土永固，这是乾隆皇帝最大的梦想。

乾隆皇帝当了六十年天子、四年太上皇，一共下令造过四只金瓯永固杯，最后造的那一只收藏在今天的故宫博物院。

镶金兽首玛瑙杯

　　唐代，陕西历史博物馆。

　　玛瑙杯出土于西安市何家村，这里出土了许多唐代的珍贵文物。这个杯子的功能相当于一个漏斗。这种造型的酒具在中亚、西亚十分常见，这种风格通过西域传入中国。

05

狐假虎威：从原始的图腾到权力的象征

阳陵虎符

虎是一种有威力的猛兽，很早就受到人们的崇拜。史前岩画上有虎的身影。六千多年前的部落军事首领死后的墓中，人们用蚌壳塑出了虎的样子，虎是部落的图腾标志，象征着英勇作战的精神。商代甚至制作了奇特的青铜盛酒器虎食人卣（yǒu），人与虎像是相依在一起，又像是人入虎口。而周代则把虎做成青铜器的底座，铸造了龙耳虎足方壶这样的盛酒器。可见虎的威力是早就为人所知而且流传甚广的。

这是一只有权力的老虎

春秋时期，有一位诸侯请天子派来的使臣吃饭。这顿饭他们吃了什么呢？黑米糕、白米糕、用菖蒲根做成的腌菜，另外还有一道菜，就是做成老虎形状的盐（如果这也可以算作一道菜的话）。盐块为什么要制作成老虎的形状呢？因为老虎的形状代表着一种等级和权威。

祭祀用的玉器也有一种会制作成老虎的形状，作为献给神灵的祭品。

商代人喜欢用玉制作一只小小的虎，大概是放在手里把玩的。还喜欢制作虎形的青铜器，比如背上站着一只小鸟的双尾虎，又有趣又奇幻。周代人会在那些演奏音乐的青铜乐器上筑上一只虎做装饰。而老虎成为权力的象征是在春秋战国时期，有种东西叫"虎符"，小小的一只分成两半，小到可以握在手里。但是谁有了这只小小的虎符，谁就有了掌握和调动军队的权力。

中国国家博物馆有一只秦朝虎符，这只

虎符一半在国君手里，一半在掌握地方军队的将军手里。只有把两半虎符合成一整只，才能调动军队。这只虎，就是秦军战士蓄势待发的象征，表示在战场上他们定能生龙活虎、虎虎生威。

可是有一种动物比老虎还厉害，它是谁呢？

狐假虎威：比老虎更厉害的动物

战国时期，楚国是一个很强大的诸侯国，弱小的国家都怕它。有一次，魏国的使臣来楚国访问，楚王设宴款待他。在宴会上，这位魏使对楚王说："大王，我来给您讲个故事吧。"

于是魏使讲了这样一个故事：这个世界上最厉害的动物就是老虎，老虎抓到了什么野兽都会把它吃掉。有一次，老虎抓到了一只狐狸，它刚想把狐狸吃了，狐狸说："你居然敢吃我？"老虎从来没遇到过敢反抗它的动物，觉得很奇怪，就问狐狸："我为什么不敢吃你？"狐狸有意摆起架子来："我是天上的神派下来做百兽之王的，你要是吃了我，你就是违反了天帝的旨意，你敢吗？再说，所有的动物看到我都会害

怕，难道我还不是百兽之王吗？不信你就跟我一起去看看。"狐狸一副非常有把握的样子。

老虎被狐狸说服了，决定跟狐狸一起去验证一下它的话。老虎跟在狐狸后面出发了。果然，所有的动物一看到它们出现就赶紧逃跑，似乎确实是很害怕狐狸的样子。于是，老虎真的认为狐狸是百兽之王了。

楚王听了魏国使臣的故事，问他是什么意思。魏国使臣说："大王呀，您还不明白吗？您的大臣借用您的威势，在各个诸侯国面前趾高气扬。各国都对他笑脸相迎、十分巴结，其实心里都明白，我们怕的根本就不是他，而是楚王您呀。"

聪明的魏国使臣把楚王比作真正勇猛的老虎，而把楚国的大臣比作借助老虎威势骗人的狐狸，其实是想离间楚王和楚国的大臣，让他们互相不信任。

这个故事出自《战国策》，后来演变成了成语"狐假虎威"。"假"是假借的意思。狐狸假借老虎的威风去吓唬别的野兽，比喻仗着别人的势力去欺压弱小。

和老虎有关的文物

阳陵虎符

秦代，中国国家博物馆。

虎符因为形状如"虎"而得名。"符"表示它不是个一般的摆设、玩器，而是一个有实际作用和功能的信物。目前出土的虎符非常少，杜虎符、阳陵虎符、新郪（qī）虎符，都是秦国的。阳陵虎符上刻的文字里提到了"皇帝"，这个皇帝指的是秦始皇，虎符的铸造年代是在秦始皇统一六国之后。

商代和周代曾经用玉璋作为调动军队的符节，后来用"琥"。"琥"是玉制的虎，但它不是两半的。

铜制的虎符应该是在"琥"的基础上改进的，主要流行于春秋战国时期，后世逐渐被令牌所取代。虎符本来是分作两半的，能流传到今天还两半俱存的很少。可惜的是，因为年代太久远了，阳陵虎符的两半已经锈在一起再也打不开了。

虎钮錞（chún）于

春秋时期，故宫博物院。

錞于是一种青铜乐器，在春秋战国时期广泛应用，非常盛行。这种乐器主要是用在打仗的军阵之间。錞于是打击乐器，在军阵前击打，声音洪亮，会起到助威的作用。錞于是悬挂在木架上敲击的，所以它需要一个用来挂绳子的钮，这只錞于的钮是一只虎。这只虎的形态是身体重心在后，很有蓄势待发之感，似乎下一瞬间就要扑出去了。在军阵乐器錞于上用"虎"，说明在古人心里，虎是非常有威势的动物。

玉虎

商代，上海博物馆。

上海博物馆藏着一个动物园，就在玉器展厅。这个展厅里有很多商代的玉制动物，有龙有虎，有兔有熊，有鸟有鱼，还有螳螂和蜥蜴。商代人特别喜欢用玉来刻画自然界的动物以及发挥想象，种类数不胜数。除了上海博物馆的这些藏品以外，别的博物馆还有玉凤、玉蝙蝠……

伏鸟双尾青铜虎

商代，江西省博物馆。

这件青铜器出土于江西省吉安市新干县大洋洲镇。这是一只特殊的虎。如果说"狐假虎威"里的"狐"是借助老虎的威势，这只双尾虎身上的小鸟就是在和老虎真诚地和谐共处。小鸟的神态很松弛，悠然自得，和露着獠牙、瞪着眼睛的霸气老虎相映成趣。出于一种有趣的艺术审美，这只老虎还有两条尾巴。

06

叶公好龙：龙的传人，龙的传说

红山玉龙

  龙是神兽，自古以来就为人所"好"，人们喜欢龙，崇拜龙。可是"龙"究竟长什么样子呢？真的有人见过龙吗？

  我们在远古以来的许多遗迹和遗存中可以看到"龙"，其中，最为大名鼎鼎的就是红山玉龙。红山玉龙是一个大大的"C"形，和甲骨文里的龙字很像。不过这条红山玉龙并不是凭空想象出来的，这条龙有长嘴，背上有长长的鬃（zōng）毛。从这些特征来看，很像是野猪。

"龙"其实是一只猪

想象是在现实的基础上诞生的，"龙"也一样。早在几千年前的原始社会，因为人类对自然界的认知非常有限，所以对动物都有一种神秘的陌生感和崇拜感。

比如猪。尽管猪后来成了人类驯养的家畜，但在没被驯化之前，猪也是野兽，而且那时候的猪和现在的猪长得还不太一样。几千年前的野猪有着长长的嘴巴，满口獠牙，后脖子上长着放荡不羁的长长鬃毛。它非常凶猛彪悍，让古人觉得野猪这种动物实在太厉害了。

再比如蛇。蛇身上长着鳞片，据原始人观察，蛇也能行走。但是蛇又没有脚，没脚还能走，这可太神奇了。

于是古人把这些厉害的动物各拆一部分组合在一起，就出现了一种新的动物，这种动物长着一个猪头，又长了一个蛇身，而且像蛇一样盘着、蜷曲着，这就是最早的龙。

五千多年前的人们喜欢用玉去制作龙，因为他们觉得玉是能通神的。他们用玉制作成龙的形状，认为这就是与上天沟通的钥匙。谁拿到了玉龙，谁就好像有了一种巫师的能力，而凭借这种巫师的能力，和上天沟通并传达上天的旨意，就能因此赢得部落的拥戴和尊重，成为部落的"王"。

红山时代是一个玉器十分鼎盛的时代，当时的人们用玉制作了许多的龙。"C"形玉龙是其中一种，还有一种叫"猪龙"。这种玉猪龙的身体很粗壮，几乎快蜷曲成圆形了，但是头很像熊头，所以被认为是熊头加上了猪的身体。

史前的龙不只有这两种，还有陶器和青铜器上的龙，样子更像是蜥蜴。这些龙和我们今天见到的明清时期的腾龙是完全不一样的。

既然龙这么神奇，当然就会有很多人对龙有兴趣，甚至有人对龙的喜爱到了如痴如狂的程度。

叶公好龙：是否真爱，需要考验

从前，有一个人叫叶公。叶公有一个众所周知的爱好：他很喜欢龙。当然，龙是传说中的动物，尽管传得神乎其神，但是叶公从来没见过龙究竟长什么样，可这并不妨碍叶公对龙的热烈爱好与追求。

叶公穿的衣服上有龙，用的装饰品上有龙，餐具、酒器上有龙，家里住的房子也处处都用龙来作为装饰，好让他随时看到龙。人人都说叶公喜欢龙已经到了无以复加的程度，最后叶公喜欢龙的名声传到天上去了。

天上的真龙知道了这件事后非常开心，它没想到人间居然有一个人喜欢它到了这个程度，就决定下凡去看一看。龙从天上下来，到了叶公家里。它从窗户往里面看，把大尾巴伸进厅堂里摆来摆去。叶公正好看到，窗户外伸进来一个巨大的兽头，两只眼睛像灯笼那么大。他不知道这就是他日思夜想的龙，已经吓得魂飞魄散了。叶公尖叫一声转身就跑，转眼就不见踪影了。

龙惊得目瞪口呆，它没想到这个声称喜欢它的叶公，见到它之后连看都不愿意看它一眼就逃得无影无踪了。看来叶公喜欢的并不是真的龙，只是那些像龙又不是龙的东西。

这个故事选自《新序》，后来总结为一个成语"叶公好龙"。这个成语是说表面上爱好一种事物，其实并不真是这样。

西汉楚王 S 形玉龙佩

凌家滩玉龙

红山玉猪龙

和龙有关的文物

红山玉龙

新石器时代，中国国家博物馆。

这件"C"形玉龙出土于内蒙古自治区翁牛特旗三星他拉遗址。玉龙的背部打了孔，打这个孔是为了用绳子把它穿起来。穿起来的玉龙有可能是挂在人的胸前，也有可能是绑在一根长木柄上制作成权杖。但不管是挂在身上，还是拿在手里，掌握了玉龙的人都是当时能与神沟通的人，并且有可能是具有"王"的身份的人。

这件玉龙是红山文化的重要代表。红山文化晚于仰韶文化，也属于中华文明源头之一。红山文化经历了从母系氏族社会到父系氏族社会的过渡时期。

07

画龙点睛：寺庙画壁上有最活泼的龙

在中国古代，龙可谓是皇帝的专属标志。皇帝穿的衣服叫"龙袍"，龙袍上至少绣有九条龙，有的甚至会有十二条龙。皇帝坐的宝座叫"龙椅"，太和殿的金銮宝座上缠着十三条金龙。

除此以外，故宫博物院里还有数不清的龙，殿顶上有龙，匾额上有龙，墙壁上有龙……

太和殿脊兽

比皇帝坐得还高的"龙"

在故宫里，比皇帝坐得还高的，就有太和殿殿顶上的一条龙。

太和殿的殿顶上坐着一串动物，它们坐在这儿的目的是防止殿顶上的瓦被大风吹落。故宫里不同的宫殿顶上能坐几只动物，有着严格的规定。等级越高的宫殿，顶上坐的动物就越多。太和殿上坐着十只动物，数量是最多的。这十只动物里就有一条龙。古人认为把龙放在这儿能避邪祛灾。皇帝坐在太和殿的金銮宝座上，而这条坐在太和殿殿顶上的龙，坐的位置比皇帝还要高。

古人还特别喜欢画龙，画出来的龙张牙舞爪、喷云吐雾，简直活灵活现。我们形容一个人画技精妙绝伦，会用"画龙点睛"，这是为什么呢？

画龙点睛：神乎其技

相传在南北朝时，有一位画家叫张僧繇，他画画的技巧非常高超。

有一座寺庙遇到了麻烦事，大殿里来了一窝鸟雀，总是拉下粪便来玷污殿里供奉的佛像。于是，张僧繇就在正对着鸟雀窝的墙壁上画了一只苍鹰，苍鹰的眼睛直盯着鸟雀窝。因为他画得非常像，窝里的鸟雀吓得再也不敢来了。

还有一次，另一座寺庙请张僧繇去画壁画。张僧繇画了四条龙，虽然画得惟妙惟肖，但就是没有画眼睛。寺庙里的僧人让他把眼睛也画上。张僧繇说："不可以，不然龙就飞走了。"僧人以为他在开玩笑，还是催他给龙画上眼睛。张僧繇被催得没办法，于是就说："我先给两条龙画上眼睛，你看看效果。"

张僧繇刚给两条龙画上眼睛，忽然之间，天空电闪雷鸣、狂风大作。还没等众人反应过来，那两条画了眼睛的龙活了，一飞冲天而去，只剩下没有画眼睛的两条龙还在壁画里。

　　这个故事出自《历代名画记》，后来总结出一个成语叫"画龙点睛"。原本是说画技精妙，后来就指在写文章或是讲话时，在关键的地方用几句生动的话来说明实质内容，这样更有感染力。

和龙有关的文物

太和殿脊兽

　　清代，故宫博物院。

　　故宫里的宫殿顶上都有脊兽。脊兽越多，象征宫殿的等级越高。脊兽最多的是太和殿，太和殿殿顶的八条垂脊上，除了最前面的骑凤仙人，每一条都排列了十只脊兽。这十只脊兽，从前往后依次是：龙、凤、狮、天马、海马、狻猊（suān ní）、狎（xiá）鱼、獬豸（xiè zhì）、斗牛、行什。龙在第一位，龙是皇权的象征，代表着皇家威严、吉祥富贵。行什是太和殿独有的，因为排行第十，所以叫"行什"。这些脊兽不仅是吉祥美好的象征，还有很重要的实际作用，即可以固定垂脊的下端。

最大的脊兽并不是这十只，而是在太和殿最高的正脊两端。正脊的东西两端各有一只巨大的吻兽，这两只吻兽大得超乎人们想象。每一只吻兽都有 3.4 米高，重达 4 300 千克。吻兽就是一个巨大的龙头。这两只巨大的龙头可以固定正脊，据说还可以避火。

二里头绿松石龙形器

新石器时代，中国考古博物馆。

这是一条很著名的"龙"，由绿松石拼摆而成。二里头遗址发现了专门制作绿松石器物的作坊。这条龙长六十多厘米，用了两千多片各种形状的绿松石。龙身像波浪线一样起起伏伏。它是二里头遗址中一位高级贵族墓中的随葬品。

08

守株待兔：铸造神树的人有着怎样的憧憬

西王母陶座青铜摇钱树（局部）

西王母陶座青铜摇钱树
（局部）

　　要说不劳而获，我们都会想到"守株待兔"这个成语。幻想着一棵树上长满了钱，摇一摇就可以掉下钱来，这也算是"守株待兔"了。汉代还真的有摇钱树，但这是陪葬品，从东汉到三国时期特别流行，当时四川、云南、贵州、重庆、陕西、甘肃、青海、宁夏、湖北等地广泛使用摇钱树做陪葬品。

一棵神奇的树

除了摇钱树，中国古代还有其他神奇的树。古人认为，太阳就住在东海的一棵扶桑树上。太阳自己本来是不会行动的，神鸟"三足乌"专门负责背着太阳飞行。早上三足乌背着太阳飞上天，太阳就开始"上班"；晚上三足乌又背着太阳回到东海的扶桑树上，太阳就"下班"了。

传说在上古时期，在高高的昆仑山上有一棵神奇的树叫"建木"。这棵树是一个"梯子"，顺着这棵树往上，就能到天上去。四川的三星堆博物馆有一棵青铜神树，它也许就是传说里建木的缩影。这棵树高近四米，不但有枝，有叶，有果实，树上还有飞禽走兽，挂着铃铛。

摇钱树则有枝有干，有类似松柏的针叶，还有汉代的五铢钱。五铢钱是中国历史上使用时间很长的货币，从秦半两之后一直到唐开元通宝之前，也就是从西汉武帝到唐高祖时期都在使用五铢钱。清朝有个四川人叫胡大川，写过这样的诗："大地有泉皆化酒，长林无树不摇钱。"四川是使用摇钱树作为陪葬品的主要地区。胡大川诗里这种幻想不知道是不是因为见过汉代摇钱树才有的。

摇钱树上面除了铜钱，还有天上的神仙"西王母"以及龙、凤等。据说，这种摇钱树可以通往天上的神仙世界，代表着财富和永生。作为陪葬品，摇钱树往往会有一两米高，东汉时期非常流行，汉代人认为摇钱树能引导死者的灵魂进入仙界。

有一个人也遇到了一个能带来好运的树桩。

守株待兔：天上掉馅饼，地上捡兔子

有一个农夫，他以耕作为生。本来他在田里勤勤恳恳地耕种，定期收获粮食，日子过得说不上富裕，但是只要勤劳，多种多收也很有希望。

有一天，他在自己的田里发现一个树桩，他本来想把这个树桩清理了，可是这时候突然有一只兔子跑了过来。兔子看到农夫，慌不择路，一头撞在了那个树桩上。因为用力过猛，兔子一下就撞死了。农夫捡起这只死兔子，想到晚上有肉吃，便开心地回家了。

从这一天开始，农夫不像原来那样每天好好耕种了。他总是走神，总想着会不会再捡到一只撞上树桩

的兔子。他刚开始只是想一想，后来越想越觉得有可能。农夫再也没心思种地了，他干脆就守在那个树桩旁边等着。这样只要兔子来了，撞上树桩死了，他就不会错过。

故事的最后，农夫当然不可能再捡到一只兔子。不但如此，他自己还成了大家的笑柄。

这个故事选自《韩非子》，是战国思想家韩非子讲的。韩非子说，上古时期，男人不用耕种，只要采野果就够吃饱了。女人也不用纺织，只要把兽皮做成衣服就够全家穿了。因为那时候人口少。可是随着社会发展，人口比之前增长了不少。一家如果有五个儿子，每个儿子再生五个儿子，还没等这个祖父去世，这家就有二十五个孙子了。这么一大家子，如果不想新的办法谋生，还靠采野果、穿兽皮，根本就不够，这一大家子人就要饿死、冻死了。情况变了，照搬古法是不行的，要根据当前的实际情况来治理当下的百姓。

这个故事后来总结为一个成语叫作"守株待兔"，比喻总想着不努力而获得成功。也用来形容因循守旧，不知变通，死守老办法、旧经验，抱残守缺。这是非常可笑的。

和树有关的文物

西王母陶座青铜摇钱树

　　东汉，四川省广汉市文物管理所。

　　这棵摇钱树出土于四川省广汉市万福镇，它的基座上有神兽"天禄"和"辟邪"。树干上有 64 片叶片，叶片上铸有西王母像，还有朱雀等神兽。每片叶片上都挂满了圆形方孔的铜钱。

青铜神树

　　商代，三星堆博物馆。

　　青铜神树出土于四川省广汉市三星堆遗址二号祭祀坑。神树高达 396 厘米，树枝分为三层，每层有三根树枝。树干上有一条龙，树上还有九只神鸟。

09

南辕北辙：想要去心中的远方，
先要有对的方向

　　在中国古代，交通工具的种类是很多的。早在新石器时代，浙江一带就有了独木舟。应用更广泛的交通工具则是车。车的用途很多，出行、拉货、作战……人们的生产生活都离不开车。车的制造越来越成熟，越来越精致。今天我们能看到的最精致的车，非数秦始皇的铜马车不可。

两千多年前的"豪车"

古人出行的时候也会乘车，但他们乘坐的不是汽车，而是马车或牛车。中国历史上的第一辆"豪车"，莫过于两千多年前秦始皇的专用马车。想要感受这辆豪车的气派，可以去西安的秦始皇帝陵博物院看看藏品——秦陵二号铜马车，这是照着两千多年前秦始皇御用车马的样子制造的模型。

不仅车马气派，秦始皇还大修道路。统一六国后，秦始皇把都城定在咸阳，然后修建了从咸阳通往全国各地的专用道路，这可以看作中国历史上最早的"国道"。但不同的是，当时的国道相当于秦始皇专用的"高速公路"，并不是谁都能用的。这些道路非常平坦，路面宽五十步，路边都种了树。

两千多年前，秦始皇就坐在他的专用豪华马车里通过他的专用高速公路巡视全国。秦始皇出巡去了很多地方，北边去过今天的秦皇岛，南边到过今天的浙江省境内。

有一个人，也和秦始皇一样乘车出行，但是有个问题，他好像连南北的方向都搞不清楚。

南辕北辙：记住自己的目标

　　两千多年前的一个夏天，有一天特别热，太阳照在大地上就好像起火了一样。这样的天气，路上很少有人，通往**魏国**都城大梁的大路上，却有一辆车跑得飞快，车上是一位**魏国**的大臣季梁。

　　这辆车一直进了大梁城，在**魏国**的王宫前停下来。天快黑了，王宫都要关门了。季梁从车上下来，顾不

上擦擦汗，一把推开准备关门的守卫就闯了进去。魏王见季梁穿的衣服皱巴巴的，一点也不整齐，头上脸上全是尘土，觉得很惊讶，不知道发生了什么事。魏王问道："你不是出使去了吗？怎么回来了？"

　　季梁累得坐在地上大口喘着气，好半天才缓过来说："大王，你说奇怪不奇怪？我在路上见到一个人，他说自己要去楚国，却赶着马往北边跑！"魏王惊讶地睁大了眼睛："去楚国？楚国在南边，他去北边干什么？"

季梁抹了一把汗说："对呀，但那个人跟我说，给他拉车的都是千里马，跑得飞快。"魏王生气了："你是不是糊涂了？楚国在南边，他去楚国不往南边跑，方向错了，马跑得越快就距离楚国越远！"

　　"是啊！"季梁说，"大王啊，您想要建立霸业，在天下人面前取得威信，却又凭借着国力强大和军队精锐去攻打邯郸。这样的行动会让您和霸业越来越远，这不就和那个想去楚国却往北边走的人一样吗？"

　　战国时期，秦国是其他诸侯国的敌人，也是魏国的敌人。魏国想攻打秦国的敌人赵国，这等于是给秦国帮忙，又给自己找了一个敌人。如果魏国和赵国交朋友，一起对付秦国，这才是秦国害怕的。季梁在出使的路上听到魏王下命令攻打赵国，这才赶紧赶回来劝说魏王。

　　这个故事选自《战国策》，人们总结出来一个成语"南辕北辙"。"辕"是指车，"辙"是车轮印，指代车行走的方向。这个成语的意思是目的地在南边，车却向北走，比喻行动和目的相背离。

和车有关的文物

秦陵二号铜马车

秦代，秦始皇帝陵博物院。

铜马车出土于陕西省西安市临潼区秦始皇陵封土西侧，是秦始皇的陪葬品，长3.17米，高1.06米，是秦始皇所用车马的模型，有真实车马的二分之一那么大。这是一辆四匹马拉的车，车厢是封闭的，车门在车厢后面，车厢的窗户都可以打开。这在秦代是只有皇帝、皇后和太子才能乘坐的高档车。

10

坐井观天：曰天小者，非天小也

金嵌珍珠天球仪

　　关于天与地的关系，古人早就开始探索。自汉代以来形成了三种观点：第一种叫"盖天说"。这种观点认为天是圆的，像张开的盖；地是平的，像一张棋盘。第二种叫"宣夜说"。这种观点认为天不是一种真实存在的物质，是虚的，像气一样，看得到摸不到，很高远。第三种是"浑天说"。认为天大而地小，天包着地，就像是一颗鸡蛋，地是悬在鸡蛋里的蛋黄，被天裹着，浮在水上。天和地都是被气托着的。古人还根据自己的认识制造天文仪器，故宫博物院就有清代的金嵌珍珠天球仪。

祭天：古代的虔诚

你去过北京的天坛公园吗？天坛公园原来是明清时期的皇家祭坛，每年冬至，皇帝都要到天坛来祭天。

祭天在古代是特别隆重的高规格典礼，由人间地位至高的皇帝来祭祀。因为皇帝又叫"天子"，是天的儿子，也就是说，人间的皇帝就是天上"昊天上帝"的儿子。

天坛公园里有一个圜（yuán）丘，古人认为天是圆的，圜丘就是代表天的实体。天坛里的祈年殿是主要祭祀场所，要在这儿宣读表章，相当于皇帝写给昊天上帝的信，表达恭敬的感谢，以及明年仍然天下太平的愿望。

除了口头表达感谢，还要献上美酒与祭品——牛、羊等牲畜，以及优质的玉器与丝帛。祭品放在高高的柴堆上点燃了，这样就会有很浓的烟高高地升起来。古人认为，昊天上帝闻到了这些烟味，就算是已经享用过祭品了。

中国古代既有这些信奉天神的仪式，也有结合实际，对天文进行观察、研究的行为，人们对"天"有着科学的认知。比如四千多年前，人们就知道通过观测日月星辰的变化，来确定春分、夏至、秋分、冬至四个节气，根据时令来安排农耕。

故宫博物院藏有一件清代乾隆年间的珍宝，叫作"金嵌珍珠天球仪"。它是一件天文仪器，当时的人们把"天"想象成一个圆球，用珍珠在"天"上镶嵌出满天繁星。这个天球仪还可以转动，这样就可以看到星象活动时的景观。

一般来说，观测天象会站在高台上，站得高一点，视野就更广阔。可如果站得低呢？甚至低到洞里去了呢？又会看到什么样的景象？

坐井观天：一只青蛙的悲哀

　　河伯最盼望的事情就是下雨。尤其是秋雨连绵的时候，河里涨满了水，显得自己特别宽广。这一年秋天，连着下了许多天雨，河水涨了很多很多，河伯奔腾向前，觉得自己声势浩荡，非常得意。

　　河伯一直奔到了北海。他这才发现，北海大得无法形容。自己无论是从哪个方向看，都是无穷无尽的海水，怎么也看不到海的边缘在哪儿。河伯受到了重大打击，他很沮丧地对海神说："以前我听过很多道理，总觉得不如自己高明。见识短浅说的就是我啊。"

　　海神安慰河伯说："不能和坐在井里的青蛙谈论天。因为它坐在井里，只能看到井口大小的一块天，它不知道天并不是只有井口那么大，只有跳出井来才能看到更广阔的天。更不能和井里的青蛙讲大海，因为它从来没见过大海。你能意识到自己见识短浅，也是一种进步。"

这个故事出自《庄子》，故事中有一个成语，叫作"坐井观天"。意思就是说，坐在井里看天，眼界非常狭小，用来比喻或讽刺狭隘、肤浅之人。

和天有关的文物

金嵌珍珠天球仪

清代，故宫博物院。

天球仪用黄金打造，天球仪上的300个星座一共2 200多颗星，全部都是用珍珠镶嵌成的。这些星座都在天球仪上刻了名字，而且所标志的在天空中的位置十分准确。

天坛

天坛在北京南郊，始建于明代永乐十八年（1420年），至今已有六百余年历史，是明、清两朝祭祀天神、祈求五谷丰登的专用场所。

天坛的主要建筑物有：举行大典的祈年殿和圜丘坛；供奉"老天爷"也就是"昊天上帝"的皇乾殿；供奉太阳神、月亮神、风雷云雨之神，以及北斗七星、金木水火土五星等神灵牌位的皇穹宇等。

"月有食"卜骨

商代，天津博物馆。

这是一块非常珍贵的刻辞卜骨，是商王武丁时期的。上面记载了一条关于月食的记录，而且还有具体日期。卜骨上的文字是"旬壬申夕，月有食"——在壬申日傍晚发生了一次月食。"夏商周断代工程"将它列为重要标本，是据以天文定年最确凿的材料。这片珍贵的卜骨曾经是清末民国收藏家王襄的私人收藏，后来由王襄捐赠给天津博物馆。

11

掩耳盗铃：四千年前的铜铃声

陶寺铜铃

　　现在已知的中国最早的金属乐器是一个小小的铜铃，出土于陶寺遗址。陶寺遗址距今有四千五百年到四千年，在山西汾河下游襄汾的塔儿山下。那是一个普遍使用陶器的时代，能制作出一件金属乐器来非常不简单。

　　这个小铜铃在当时使用了先进的工艺水平，是非常贵重的物品，不是一般人能拥有的。

风里的铃声

我们能发声，很重要的一个原因是嘴里有舌头。"铃"能响也是因为它有"舌头"。铃的"舌头"是一个小片状物或是一个小球，当它碰撞到铃的"身体"上时，铃铛就能发出响声。

有一种很受人喜欢的装饰品叫风铃，挂在窗边，当风吹来的时候，铃舌摇荡，撞击铃壁，就发出了悦耳的声音。在古代，马车上也会用到铃，这是一种装饰品，也可以用来考验车技。

古代的马车一般由四匹马来拉车，在马脖子上方的位置有一根横木，这是系缰绳用的。这根横木会用铃来装饰。这样，马拉着车一跑起来，那些铃就会响起来。

在三千多年前的西周，贵族必须会驾车，而且必须具备很高的驾驶技术。比如驾车从国君在外征战、田猎时的君位上的标志物路过时，不能视而不见，要一边驾车一边行礼；驾车去打猎时，遇到禽兽，要从左侧射杀。和我们现在的交通法规相像的一点是，在行驶过程中如果想超车，要从左侧的车道超车。

而最考验贵族驾驶技术的，就是对车上铃声的要求。驾车出行的时候，要让这些铃发出的声音像音乐。不但要像音乐，而且还要求是有节奏的合奏。这很难，几乎无法做到。但不可否认的是，在古代，"铃"也是一种乐器。

早在四千年前，中国就有了金属的铃——陶寺铜铃。这个小铜铃是个中空的器物，这样的铜器需要用不止一块陶范来铸造，也就是得用复合范铸造。陶寺文化还处于新石器时代晚期，青铜时代的前夜，用复合范铸器算是很复杂的高端技术。也就是说，这个小铜铃在当时是非常珍贵的器物，它很可能是重要的宗庙礼器，是在祭祀时奏起庙堂之乐的乐器。这个小铜铃的出土地点陶寺遗址被认为是传说中尧的都城。

"铃"本来就是一种响器，让它响很容易，不响很难。只要铃响了，大家就都能听到，除非你把大家的耳朵都捂上。毕竟，单把自己的耳朵捂上是不行的。

掩耳盗铃：“我不是鸵鸟！”

　　春秋时期，有一家大贵族，家里非常富有，有很多宝器。有一天，大贵族搬家了，原来的旧房子里还留下不少好东西没来得及搬走。这样，就被小偷惦记上了。

　　有一天晚上，伸手不见五指，一个小偷潜入这所房子，他想看看有什么东西能偷走。这个小偷在黑暗里摸索着往前走，忽然撞到一样东西，还发出了“嗡”的响声。小偷疼得差点叫出声，他趁着月光仔细一看，原来是一口大铜钟。小偷特别高兴，因为铜太难得了，这么大的铜钟简直就是无价之宝。可有个难题，这钟这么大，怎么拿走啊？

　　砸碎的铜也值钱。于是小偷拿来一把锤子，对着大钟就砸了下去。这一砸发出了巨响，吓得小偷赶紧住了手。他想了想，捂住自己的耳朵，不就听不到声音了吗？于是，他就捂住耳朵继续砸了起来。他不知道，钟声传出很远，人们已经在赶来抓他的路上了。

这个故事出自《吕氏春秋》，人们总结出一个成语"掩耳盗铃"。偷铃铛的人怕铃响，把自己耳朵堵住，以为自己听不见，别人也听不见。这个成语用来比喻自己欺骗自己。

和铃有关的文物

陶寺铜铃

新石器时代，中国考古博物馆。

陶寺铜铃出土于山西省襄汾县陶寺遗址，是现在已知的最早的中国古代金属乐器。它的材质几乎是纯铜，含铜量将近98%，而不是后来铸器用的"青铜"，青铜是铜、锡、铅的合金。

12

螳螂捕蝉：人们为什么偏爱它

金蝉玉叶

在诗人眼里，蝉是高洁的。唐朝诗人虞世南的诗里说蝉"垂緌（ruí）饮清露，流响出疏桐。居高声自远，非是藉秋风"。蝉栖息在高高的梧桐树上，以清凉的露水为食，发出的鸣叫声传出很远。

人们喜欢蝉，把它戴在头上。六朝时期的高级官吏头戴的冠上饰有一个金珰（dāng），金珰上就有蝉。女性把饰有金蝉的簪子戴在头上，不仅生动活泼，而且有着别样的寓意。

被偏爱的蝉

唐代有位少年才子骆宾王，说起他的诗来大家都知道，就是那首非常著名的《咏鹅》："鹅，鹅，鹅，曲项向天歌。白毛浮绿水，红掌拨清波。"写这首诗的时候骆宾王年仅七岁。据说他当时看到了春天池塘里的景物，一群鹅在游泳，几乎不假思索，立刻就创作出来。因为这首诗，骆宾王被称为"神童"。

骆宾王不但写过"鹅"，还写过"蝉"。骆宾王说蝉只饮用露水，品性高洁，在秋天临风高唱，声音嘹亮而姿态优美。

蝉这种小动物，其实很早就引起了人们的注意。早在新石器时代，六千年前，就有人用玉制作了小巧的玉蝉，样子很像真的蝉。

古人对蝉的关注始终都很密切。人们把蝉装饰在帽子上，佩戴在身上，做成首饰戴在妇女头上，或是作为葬器放进死者嘴里。

把玉蝉戴在腰上，意思是腰缠（蝉）万贯；把玉蝉挂在胸前，意思是一鸣惊人；一

只金蝉趴在一片玉做的树叶上，把这样的首饰戴在头上，寓意"金枝玉叶"。

蝉在中国文化里，有着丰富的意象。关于蝉，还有这样一个故事。

螳螂捕蝉：专注眼前，更要小心身后

有一天，庄子发现了一个美丽的花园。从外面看，花园里的树木郁郁葱葱，里面还有很多奇花异草，让人觉得花园里宁静又美丽。庄子想进花园里面去玩，但是这个花园是封闭的，还有看门人看守，不允许别人进去。

这时候忽然飞来一只奇异的鹊鸟。这只鹊的翅膀展开有两米多长，它的眼睛又大又圆。但这只鹊很奇怪，飞得很低，而且晃晃悠悠地，一点也不稳。鹊就好像没看到庄子一样，向着庄子就飞过来，甚至还撞在了庄子的额头上，然后它就飞进了那个美丽的花园。

庄子心想："这是什么鸟？翅膀那么大却飞不高，眼睛那么大却看不清东西。我进去找到它，把它射下来看看吧。"于是庄子悄悄地进入花园，看到了一件很奇异的事。

一只蝉悠闲地飞来，找到一片树荫，想在树荫下睡个好觉。但是它并不知道，一片树叶后面藏着一只螳螂，正准备要捕杀蝉。庄子看到了这让人惊心的一幕。然而这时，那只鹊飞来了，它飞到螳螂后面，准备趁螳螂不备而捕杀它。可是鹊不知道，庄子正站在它身后，也把它当成了要射杀的猎物呢。

这样一个连环套设好了。庄子看到蝉、螳螂、鹊都被当成了猎物却不自知，他觉得很好笑。正在这时候，忽然听到有人叫骂。原来是看门人发现有人进了花园，他正提着木棍要来追打庄子。庄子不知道，原来他也早被别人盯上了。

这个故事出自《庄子》，后来总结为一个成语"螳螂捕蝉"。西汉时刘向在编撰《说苑》时写成"螳螂委身曲附欲取蝉，而不知黄雀在其傍也"，因此也可以叫"螳螂捕蝉，黄雀在后"。它讽刺了那些只顾眼前利益，不顾身后祸患的人。世间万物本来就是互相牵连、相互影响的，千万不能见到眼前利益就忘了自己的安危。

和蝉有关的文物

金蝉玉叶

明代，南京博物院。

出土于江苏省苏州市，是明代贵族妇女头饰。形状是一片白玉的叶子上，卧着一只很写实的金蝉。金蝉的含金量达95%，双翼微张，嘴巴微开，我们似乎都能听到它发出的鸣叫声。玉叶用的是新疆和田羊脂玉，仅有0.2厘米厚，半透明状，叶脉非常清晰。蝉又叫"知了"，"知"的谐音为"枝"，"金蝉玉叶"也就是"金枝玉叶"。

良渚玉蝉

新石器时代，浙江省文物考古研究所。

约5 000年前的浙江良渚，有一位女士，她用了许多的玉来作为陪葬品。其中就有玉蝉，一只眼睛滚圆、腹部纹路清晰的玉蝉，栩栩如生，似乎马上就要振翅而飞。这小小的玉蝉是一件穿缀起来用于佩戴的玉饰品。

在良渚文化遗址发现了许多玉器。良渚用玉来呈现礼仪，用玉来代表神权和王权，用玉来反映一个人的财富，也把玉用在生活里，用在服饰穿戴上。

汉代玉蝉

西汉，中国国家博物馆。

这是一只出土于河北省定州市的玉蝉。汉代的玉蝉有含蝉也有佩蝉。含蝉是让死者含在口中的丧葬用品，佩蝉是佩戴在身上的小型玉饰件。西汉中山国包括今天河北省保定市南半部以及定州市，还有石家庄市新乐市、无极县、深泽县。定州有庞大的汉墓群，还有多座汉代的中山王墓。这些汉墓体现了汉代的葬制，其中就有出土的玉含蝉。玉含蝉一般腹部是平的，背部以简洁的刀法雕刻出蝉的眼睛、翅膀来表现主要的体态。

汉代玉佩蝉

西汉，徐州博物馆。

江苏省徐州市有一座西汉早期的诸侯王墓，叫作狮子山楚墓，墓主是一位西汉早期的刘姓诸侯王，被封为楚王。这座墓里出土过非常漂亮的玉佩蝉。这只圆雕技法的玉佩蝉简直是一件传神之作，从眼睛、翅膀到身体纹路都栩栩如生。这只玉蝉从口到尾有一个贯穿的孔，应该是为了方便穿绳佩戴的。

13

郑人买履：小小的鞋子，长长的历史

丝履

在古代，鞋的称呼有很多，"屐""屦""履"都是鞋。鞋的材质也大有区别，有草编的、麻织的、丝织的、皮质的、木质的。战国秦汉以来，"履"成为鞋的通称。有些贵重的履用黄金珠玉来装饰，有些还会加上刺绣。一双丝织的丝履是很贵重的鞋，如果要买一双贵重的"履"，必然郑重其事。

古人的登山鞋

古人穿一种木屐，其实就是和脚的大小以及形状基本相似的木板，下面装上"齿"。每一只木屐都有两个齿，前面一个，后面一个。不像现在的高跟鞋，只有后面的"跟"，前面大多数没有"跟"。

穿木屐的好处，就是在外出时，如果路况比较泥泞，不会陷入泥中。尤其在登山的时候，因为木屐上的"齿"是活动的，可以拆卸。上山的时候，前高后低，就把木屐前面的齿拆掉，可以保持脚下平衡。下山的时候，前低后高，就把木屐后面的齿拆掉，也是为了保持平衡。古代出门大多靠徒步，这种木屐是非常方便的。

当然，古人穿的鞋种类是很多的。《三国演义》里，刘备"贩屦织席为业"，意思就是说，刘备是个小商贩，主要经营草编产品，有鞋子，也有席子。"屦"就是麻鞋，这是没钱的平民穿的鞋。贵重的鞋叫"丝履"，就是用丝编织的鞋。

马王堆汉墓出土过西汉的丝履，现在收藏在湖南博物院。这双鞋的鞋底是用麻线编织的，因为鞋底在走路时与地面常摩擦，需要耐磨。鞋面就是用丝来编织的。还有更华丽的鞋子，在鞋面上刺绣，或是装饰明珠、黄金等贵重之物。

　　今天我们如果想买一双新鞋，可以去商场试穿，挑选出最适合自己的。当然也有很多人会选择在网上买鞋，那就要先量一量自己的脚，再根据卖家提供的尺码来选择了。

　　可是，有这么一个人，明明鞋就摆在眼前，他却不肯自己去试，非要量自己的脚。

郑人买履：我的脚不靠谱

有一个郑国人，他看到人家穿的鞋是丝绸做的，上面还缀有明珠，镶嵌黄金，鞋面上有精美的刺绣，他非常羡慕，于是也想买一双。这个人存够了买鞋的钱，又用心挑选了一家鞋店，就决定找个空闲的日子去好好挑选一双鞋买回来。

郑国人在去之前还仔细测量了自己脚的尺寸。他发现自己的脚长得很标准，长短有度，肥瘦适中，他有信心挑到一双好鞋。一想到新买的鞋子穿在自己脚上，走在路上让人羡慕，他心里就很高兴。

买鞋的这一天终于到了，郑国人带着钱出门了。路上还在想，这鞋不但要漂亮，还得挑合脚的。他进了鞋店，发现鞋店里又来了很多新的款式，他非常兴奋，想着这回可得好好地挑一挑了。

店里的伙计热情地招待着郑国人，给他介绍了好多种又漂亮又舒服的鞋。郑国人终于挑中了一种自己喜欢的样子，接下来就是要试一试了。于是伙计按照自己的经验给他拿来了一双鞋，觉得尺寸应该合适。但是郑国人根本没注意这个，他伸手去掏自己的口袋，他早就把自己的脚量好了，记下了尺码，比对一下尺码，只要合适就可以买了。

结果，他发现，自己居然忘了带尺码。他大惊失色，怎么把这事忘了？于是他立刻就往外面跑，想回家去取尺码。伙计追出来喊："你自己用脚试试就好了，不用去取尺码！"郑国人一边跑一边回头大喊："我的脚不靠谱，我还是去取吧。"

这个故事选自《韩非子》，后来总结为一个成语，叫作"郑人买履"。郑国人过于相信尺码，不相信自己的脚，结果买不到鞋子。这个成语用来形容墨守成规的教条主义者，因循守旧，不思变通，终将一事无成。

和鞋有关的文物

丝履

　　西汉，湖南博物院。

　　这双丝履出土于湖南省长沙市马王堆汉墓，它的主人是西汉的一位列侯夫人，有很高的社会地位和财富水平。这双青丝履的款式是双尖方头的，叫作歧头履。这是一双华贵的鞋，鞋底是用麻线编织成的，鞋面是用丝缕编织的。列侯夫人的墓中一共有四双丝履，除了脚上穿的一双，还有三双放在竹箱里。同时出土的还有很多完整衣物，而且种类齐全，有丝绵袍、夹袍、单衣、单裙，还有袜子、手套。这些衣物说明西汉的纺织业已经很发达了，各种丝绸制品非常精美。

漆木屐

　　三国时期，马鞍山市博物馆。

　　出土于安徽省马鞍山市，中国最古老的漆木屐，是三国时期东吴军师朱然的木屐。距今已有 1 700 多年历史。

'14

鹬蚌相争：人类文明的发展史上，它留下了重要的一笔

陕西渭水附近的地方供奉一种农神，就是在一间小屋里，塑一个高四五尺的大头，有头没身子，俗称"大头爷"，也叫"后稷头"。后稷是建立西周的周武王的先祖。后稷特别擅长农耕，被帝尧任命为农师。

对于农业耕作来说，劳动工具非常重要。商周时期，金属农具不是最常用的。当时还没有铁器农具，只有一些青铜农具，用得最多的是石器农具，其次就是蚌器、木器、骨器。也许，利用天然河蚌磨制成的刀、镰，也曾是周族人的先祖后稷使用过的劳动工具。

蚌壳可以当工具

人类进化有着一段漫长的过程，研究不同时期的人所使用的器物，是一件很有意思的事。

人类最早使用的器物是石器。制造石器只需要就地取材。石头是很容易找到的材料，几乎遍地都是。后来人类学会了用火，于是开始烧制陶器。之后又开始冶炼金属，制造青铜器。但是，就地取材、制造器物的习惯一直到商周时期还在延续。比如说，从河里捞上来的蚌，蚌壳就是一种制造器物的材料。三千多年前的周族人就是这样做的，他们用蚌壳来制造劳动生产工具。

在武王伐纣、建立西周之前，周族人曾经生活在岐山周原。这里说的周原在今天的陕西省宝鸡市岐山县、扶风县一带。周族人在这里过着农耕的生活。从遗址出土文物来看，他们使用的农具除了有石头制作的刀和镰之外，还有大量的蚌刀、蚌镰。周族人能想到制造蚌刀和蚌镰，首先是因为材料易得。他们生活的地区有泾河、渭河，可以轻易得到大量的蚌壳。另一个重要的原因是，蚌壳制造的工具好用。《诗经》里写道："周原膴（wǔ）膴，堇荼如饴。"意思是周原这个地方土地非常肥沃，连种出来的野菜都带着甜味。这么肥厚松软的土地，用蚌刀和蚌镰也很合适、好用。

　　到了唐代，虽然不再用蚌壳制作工具，但是人们对于蚌的喜爱依然不改。唐朝人用贵金属制作蚌壳形状的小盒子，女子用这些小盒子来盛放化妆品，比如胭脂、口红、香膏什么的。直到今天，大家仍然喜欢制作蚌壳形的小盒子盛放化妆品。

　　关于蚌，还有很有趣的小故事，读来发人深省。

鹬蚌相争：都怪你

战国时期的燕国在今天的河北一带，燕国有一条很有名的河叫易水河。有一天，天气特别好，一只河蚌从河里爬出来晒太阳，它悠闲地张开了蚌壳，把蚌肉露出来，享受太阳的照耀，完全没有意识到危险就要来了。

天气这么好，一只鹬鸟也出来晒太阳。鹬鸟可是最喜欢吃小鱼、小虾、小水草、小蚌的了，它一看到河蚌，就把又长又尖的嘴冲着河蚌狠狠地戳下去。今天运气可真不错，天气好，还有美餐吃。

还没等鹬鸟把美食吃到嘴里，就有突发状况。河蚌迅速把蚌壳合起来，像大钳子一样把鹬鸟的嘴给夹住了。鹬鸟和河蚌谁也不肯松开，谁也脱不了身了。这情景被一个在易水河里打鱼的渔翁看到了，渔翁很开心，划着船靠了岸，把鹬鸟和河蚌都捡起来了。

这下好了，鹬鸟生气地对河蚌说："你

不张嘴，非要钳着我，这下两个都被活捉了。"河蚌也生气地说："都怪你，也不挑时候，非要惹我，这下连你带我全被活捉了。"

战国时期的燕国和附近的赵国就像鹬鸟和河蚌一样，经常有争斗。秦国就像是渔翁，等燕国、赵国打起来的时候，它就要得利了。

都怪你!!

这个故事出自《战国策》，后来总结出一个成语，叫作"鹬蚌相争"，也叫"鹬蚌相争，渔翁得利"。比喻在各种纷乱复杂的矛盾斗争中，如果对立的双方争执不下，结果往往会两败俱伤，使第三者坐收渔翁之利。

和蚌有关的文物

蚌刀和蚌盘

西周。

周原博物馆有蚌刀,西安博物院有蚌盘。这些都是周族人发展历程中使用过的物品。

周原位于关中平原西部,北靠岐山,南有渭水,西有千河,东有漆水,河流资源很丰富。周族人生活在这里的时候,过的是农耕、渔猎的日子。他们从河里取蚌,也会猎获一些动物,比如说鹿。食用了蚌肉和鹿肉之后,再用蚌壳、鹿角来制作蚌器和角器。蚌壳做的蚌刀可以收割谷物,蚌壳也能作为盛器。鹿角能制作箭镞(zú),在狩猎的时候用。

周人东进伐商是有一个过程的,在这个过程中,他们也不断迁徙自己居住的城址。周文王的时候营建了丰京,周武王又营建了镐京,周族人就从周原迁徙到丰镐来了。今天的陕西省西安市西南有"丰镐遗址",就是文王和武王营建丰京和镐京的地方。丰京在沣河西岸，镐京在沣河东岸，这里也可以取到蚌壳。

蚌壳形小盒子

唐代，中国国家博物馆。

唐代很流行用蚌壳形的小盒子盛放化妆品，出土了不少实物，都十分美丽。有的盒子上贴了金箔，有的錾刻了飞鸿和鸳鸯，还有的刻了折枝花卉。一个鎏金银盒，还装了金银合页，刻了生动美丽的花纹，是多么精致的化妆用具。

'15

黔驴技穷：刻在石头上的马，写进故事里的驴

昭陵六骏石刻

　　驴和马在古代都能作为交通工具。驴的价格相对便宜，马却往往需要重金求购。骑驴的往往是闲人寒士，他们骑着驴游荡于山河之间，带着一种散漫的安逸。

　　人们对驴和马的态度也不同，如果一匹小驴骑起来又快又稳，就会称赞它真像一匹小马驹。对于一匹好马，更是不吝言辞地赞美。"此马非凡马，房星本是星。向前敲瘦骨，犹自带铜声。"意思是说这匹好马不是凡间的马，而是天上的星宿下凡。

　　作为一个马上皇帝，唐太宗李世民在战场上最好的朋友就是马。"昭陵六骏"既和李世民共赴战场，又和他生死相随。

威武的"马"和神秘的"驴"

在中国古代，马是特别重要的动物，出行、打仗都离不开马。马是特别重要的战略物资，因为商周时期的战争是车战，以战车列阵对敌。一辆战车由四匹马来拉车，所以需要很多良马。因为马重要，所以会养马的人特别有优势。比如统一六国的秦始皇，他的祖先就是因为擅长养马而被封为诸侯。

汉代的时候，有人送给汉文帝一匹马，说这匹马是难得的千里马。千里马的价值不可估量，重金难买。汉文帝想，如果自己收下了这匹千里马，那么就会有更多的人去重金求购千里马来献给自己，这会让民间的风气变得奢侈浪费。于是汉文帝就回答说："我出行的时候，前面有仪仗，后面也有跟随的各种车辆，大队伍走得很慢。我一个人骑着千里马跑得那么快，要独自先往哪儿去？"

一直到唐代，人们对好马的热爱仍然不曾消减。唐太宗有六匹非常有名的马，合称"昭陵六骏"。这六匹马是唐太宗在一生的征战中先后骑过的，立下了赫赫战功，唐太宗对它们有很深的感情。所以唐太宗去世后，这六匹马被雕成青石浮雕，作为唐太宗的陵墓"昭陵"的装饰。

人类与驴相处的历史也不短。早在新石器时代，西亚的两河流域就已经开始饲养驴。驴曾经在田间耕种，在家里拉磨，为人类付出了劳力。

但是在中国古代，驴有着别样的形象。比如说三国时期，孙权曾经取笑大臣诸葛瑾长了一张驴脸。驴好像又很神秘，比如八仙里的张果老，骑的就是一头驴。

有时候，驴也很威武，说不定还能吓唬吓唬老虎。

黔驴技穷：让老虎害怕的驴

从前，我国西南地区是没有驴的。这里水路多，交通不方便，用船的时候比较多，没有驴或马作为长途运输的工具。

有一个特别好事儿的人发现了这一点，他想，如果把驴运到这个地方，会发生什么事呢？说干就干，这个人把一头驴装上船，运到西南地方去了。他把这头驴放到山脚下，想看看会发生什么事。

这头驴被送到这个陌生的地方，它晕头晕脑地，完全不知道这里会是个什么情景，也不知道树林里有一只老虎已经盯上了它。这只老虎从小就在这片山林里长大，它从来没见过驴这种动物。这个怪模怪样的庞然大物，一开始还真把老虎给吓着了。

但不管怎么说，老虎也是百兽之王，它还是有点胆子的。过了一会儿，看驴也没什么动静，老虎就从树林里走出来，开始慢慢接近驴。老虎很小心，没敢靠太近。又仔细观察了一会儿，它发现驴并没有发脾气，于是又大着胆子往前走，更接近驴了。

这时候驴忽然大叫一声。老虎从来没听过这种古怪的叫声，吓得转身就跑回林子里，它的心脏咚咚直跳。但是老虎并没有跑远，一直在暗中观察，过了很久，看没有什么事发生，老虎又大着胆子接近驴。驴又大叫起来，但这一次老虎就不那么害怕了。

驴又用蹄子来踢老虎，老虎很轻易地躲开了。这下老虎胆子大了，不怕驴了。不但不怕驴，还觉得其实驴也没什么本事，那么是不是可以把驴当晚餐了呢？

老虎有了这个想法，就上来想擒获驴。驴除了会用蹄子踢，再也没有别的办法了。于是老虎咬断了驴的喉咙，撕咬着驴的肉吃掉了。

这个故事选自柳宗元的《三戒》，后来总结出一个成语，叫作"黔驴技穷"。驴表面看起来威风，又吼又踢，其实没什么真本事。这个成语用来比喻有限的一点本事已经用完了。

和马有关的文物

昭陵六骏石刻

唐代，西安碑林博物馆。

石刻立于陕西省咸阳市礼泉县昭陵前，刻画了唐太宗的六匹战马：飒露紫、白蹄乌、特勒骠（biāo）、拳毛䯄（guā）、什伐赤、青骓（zhuī）。

其中，飒露紫和拳毛䯄在美国费城宾夕法尼亚大学博物馆，白蹄乌、特勒骠、什伐赤、青骓在西安碑林博物馆。

16

杞人忧天：天上到底有什么

《八十七神仙卷》（局部）

　　天上有什么，这是古人一直在思考，一直在想象，也一直在探索的问题。很久以前，古人就认为天上有神仙。他们把自己想象的天神的样子刻在玉器上，铸在青铜器上，写在文章里，画在画卷里。

　　屈原在《楚辞》里描写帝舜乘着青龙和白龙驾的车在天上遨游。《抱朴子》的故事里说黄帝在鼎湖得道，飞升上天。那么天上原本的神仙是什么样呢？唐代吴道子画的《八十七神仙卷》就像是神仙的集体合影。

天上是否住着神仙

有一幅专门画天上神仙的画，叫作《八十七神仙卷》。这幅画的作者是唐代著名的画家，被尊为"画圣"的吴道子。吴道子擅长画神仙，不但人物画得栩栩如生，还特别有仙气。尤其是神仙穿的衣服，他画得特别飘逸，好像被徐徐微风吹得飘起来一样。后来人们形容吴道子的画是"吴带当风"。

《八十七神仙卷》画的简直就是一场神仙界的天庭盛会，画中有帝君、神将、天官、金童玉女等。画面以祥云为衬，以奇花异树为景，人物个个风姿绰约，飘飘然仿佛真的就是天上神仙的样子。

不过，中国人对"天"的认知是多个层面的，关于天宫、神仙的想象只是其中一面。从"女娲补天"的故事——下暴雨是因为天破了，需要人去补天——我们就能发现，古人对"天"还有着去了解、去面对的好奇心和勇气。

从科学的角度，古人也曾认真考虑过

"天"究竟是什么样子，由什么物质构成。比如东汉著名的文学家、数学家、科学家张衡，他曾经发明过地动仪、浑天仪等科学仪器。张衡认为天很大，是一个大圆球体。如果"天"是一个鸡蛋，"地"就是在这个鸡蛋包裹中的蛋黄，悬在天的内部。

　　自然界有它的运行规律，也许我们对自然规律的认知还有局限，但这个规律是我们不能脱离的，也是无法干涉的。有这么一个人，却因为自然界的运行而担惊受怕。

杞人忧天："操心"也要有个度

　　这是一个杞国人，他生活过得很悠闲。于是乎他开始担心，他觉得天地是自己的身体寄存的地方，如果有一天天崩地陷了怎么办？那么他该往哪里去安身呢？自从生出了这个忧虑，他天天茶不思、饭不想，越来越担心，担心得要活不下去了。

　　这个杞国人终于忍不住把他担心的事告诉了一个朋友，朋友听了就开导他说："'天'不过就是积存起来的气体，你呼吸都在这一大团气里，天怎么会崩呢？"这个杞国人更担心了，又问："如果天就是一团气，那天上的日月星辰怎么待得住？会不会从天上掉下来砸中我们？"朋友劝他说："日月星辰也是积聚的气体，只不过会发光而已，掉下来也不会砸到你。"杞国人又说："就算天不会崩，地陷下去怎么办？"朋友说："地，不过就是堆积起来的泥土石头罢了，它又不是薄薄的一层，它是堆积起来的、充实的。你一天到晚在地上走路、蹦跳，它哪里陷下去过？"

杞国人倒是在朋友的开导下去了心病，不再担心了。但是有一个智者听说了这件事，说道，不管是天地还是日月星辰，它们是否会崩陷，是否会坠落，这都是我们短暂的人生所难以预料的事。未来不知过去，过去不知未来，为什么还要操心这些事呢？不如在有限的人生里多做点有意义的事。

这个故事出自《列子》，后来总结为一个成语，叫作"杞人忧天"，用来形容一个人总在忧虑那些不切实际的事情。

和神仙有关的文物

《八十七神仙卷》

唐代，北京徐悲鸿纪念馆。

这幅画画了以东华帝君、南极帝君、扶桑大帝为主的八十七位神仙，画面纯以线条表现出神仙列队出行的宏大场景。

中国现代画家和美术教育家徐悲鸿曾说："此卷规范之恢宏，岂近代人所能梦见，此皆伟大民族，在文化昌盛之际所激之精神，为智慧之表现也。"

曾侯乙《二十八宿图》衣箱

战国时期，湖北省博物馆。

《二十八宿图》衣箱是一个盛衣服的箱子，是一件大型漆器。它以木为胎，再用漆涂成内红外黑，箱外黑色表面上还有红色的纹饰。衣箱盖的中央是一个篆书的"斗"字，代表北斗天极，是天球的中央位置；四周按顺时针用红漆书写二十八宿名称。箱盖上还画着青龙、白虎。这是目前发现的关于二十八宿、四象等最早的实物资料。

17

南柯一梦：古人的枕头真稀奇

　　北宋诗人蔡确写夏日午睡的场景："纸屏石枕竹方床，手倦抛书午梦长。睡起莞然成独笑，数声渔笛在沧浪。"夏天的午后躺在竹床上枕着石枕，手里拿着本书在看。不知道什么时候睡着了，书也抛在一边。梦醒后想起人间世事，看到远处沧浪之水，听到渔笛声，忍不住自己也笑了。仔细一看，诗人如此闲适安逸地午睡，用的居然是硬邦邦的石枕。

　　除此以外，古人还流行用瓷枕。瓷枕的种类很多，款式也极为丰富。故宫博物院馆藏的北宋定窑孩儿枕就是其中的精品。这些瓷枕对于我们研究它们所处时代的社会也是很好的线索，去引导我们推理从来没见过的古代生活。

枕头原来这么神奇

我们睡觉的时候都免不了要用到枕头，一是为了舒服，二是为了健康。不过古代人和我们想法不同，有时候用枕头，目的就是为了不舒服。

你没听错，是为了"不舒服"！

北宋著名史学家司马光，也就是那个砸缸救人的司马光，他就有一个特别不舒服的枕头。这个枕头是一截圆木，打磨光滑，就直接拿来当枕头。用这样的枕头，目的就是不让自己睡好觉。因为睡的时间稍长，身子难免要动一动。身子一动，这个圆木枕头也会滚动。枕头一滚动，脑袋就要从枕头上掉下来，人也就醒了。醒来干什么呢？醒来看书、写文章。这么勤奋刻苦，最终司马光写成了史学巨著《资治通鉴》。

除了木头做的枕头，我们在博物馆里常见的还有瓷枕。尤其金代，很多瓷枕。有的是狮子形状的，有的是老虎形状的，甚至有妇人形状的。不管什么形状，你想象一下，让你把头放在一个狮子或是老虎的背上，或是放在一个妇人背上，能睡得着吗？瓷枕往往又高又硬，确实不适合睡觉的时候当枕头用。

有一个特别有名的枕头，就是北宋定窑的孩儿枕。

如果你去故宫博物院，没准儿就能看到它出展。这个瓷枕的形状是个活泼可爱的小孩，釉色纯白，没有任何纹饰。这是北宋烧造的白瓷，从当时的技术来说，烧造白瓷还是件很难的事。在宋代，定窑以烧白瓷闻名。但当时的审美喜好是青瓷，更有名的汝窑就是烧造青瓷的。

瓷枕睡觉不够舒服，但有一个枕头却有着"特异功能"。

南柯一梦：梦里的美好人生

有个唐朝人叫淳于棼（fén），这个人喜欢喝酒，但一喝就醉。有一天，淳于棼过生日，他把亲朋好友都请来，在自己家花园里的大槐树底下摆好了酒席，请大家喝酒。没一会儿，淳于棼就喝醉了，被人扶着躺到旁边的席子上，还有人给他脑袋底下放了个瓷枕。

淳于棼迷迷糊糊刚睡着，就听到有人叫他。来了两个紫衣人，说他们是槐安国的国王派来的使臣，请淳于先生去做客。淳于棼听着这个槐安国，觉得新鲜有趣，就去了。马车向着大槐树走，从槐树下的树洞穿过去，淳于棼只觉眼前一黑，然后马上又豁然开朗，前面是巍峨高大、朱门碧瓦的城楼，槐安国的丞相亲自来迎接。

槐安国的国王见到淳于棼，和他相谈甚欢。国王很喜欢他，把女儿许配给他，于是淳于棼就成了槐安国的驸马。国王又任命淳于棼为南柯郡太守，他勤勤恳恳治理地方，得到了百姓的拥戴。在槐安国生活二十多年，淳于棼家庭和睦美满，官位显赫，可以说是没有什么不满意的了。

但是这时候槐安国出了问题。邻近的檀萝国派兵攻打槐安国，国王命令淳于棼率兵出征，淳于棼打了败仗。不幸的是，淳于棼的妻子，也就是公主，去世了。淳于棼心灰意冷辞职回家。慢慢地，国王不再宠信淳于棼。淳于棼觉得再留在槐安国也没有什么意思了，就想回家，于是向国王请求回乡养老，国王同意了。

还是那两个紫衣使臣，还是同样的马车，淳于棼被送出槐安国，先出了城门，又出了树洞，和来时的情景一样。淳于棼回到家，躺在廊檐下的席子上睡着了，脑袋下面是一个瓷枕。

淳于棼忽然听到有人叫自己，他睁开眼睛一看，才想起来，原来刚才自己喝醉了，做了一个梦。所谓"槐安国"，就是槐树底下的蚂蚁洞；"南柯郡"是旁边一个小蚂蚁洞。

原来如此啊。

这个故事出自《南柯太守传》，后来总结出一个成语，叫作"南柯一梦"。形容一场大梦，比喻一场空欢喜。

和枕头有关的文物

定窑白釉孩儿枕

北宋，故宫博物院。

宋、金是烧制和使用瓷枕的鼎盛时期。这只瓷枕是故宫博物院的著名藏品，造型奇特。枕头的形状就是一个趴伏在床榻上的孩子，孩子回眸抬头，两只脚还交叉上跷，显得那么生活化，那么生动自然。

这是一个素胎纯白的瓷枕，出自北宋五大名窑之一的定窑。定窑是宋代北方烧制白瓷的名窑，窑址在当时的定州，也就是今天的河北省保定市曲阳县。定窑的白瓷釉色微微闪黄，是一种很柔和的象牙白。

磁州窑白地黑花诗文如意头形枕

金代，故宫博物院。

金代也很流行瓷枕，其中磁州窑烧制的装饰有诗句的诗文枕很有特色。磁州在今河北省邯郸市磁县。故宫博物院藏有金代磁州窑白地黑花诗文如意头形枕，它装饰着卷草纹，上面题写了诗句："春前有雨花开早，秋后无霜叶落迟。"这样的诗句一般都是民间诗人的创作。

18

点石成金：传说中的最强技能

青玉大禹治水图山子（局部）

　　在古代，青铜曾是贵重的材料。黄金的贵重更不用说。不过在古人的观念里，还有比黄金更贵重的，那就是玉。

　　早在新石器时代，古人就喜欢玉，崇拜玉。北方的红山文化、南方的良渚文化都制作了大量精美的玉器，这些玉器有着丰富的文化内涵。周代用玉制作祭祀的礼器，用玉璧祭天，用玉琮祭地。贵族用玉来标志身份。一直到明清，中国人对于玉的热爱从未消退。

珍贵又美丽的石头

在我们的生活里，石头很常见，几乎是无处不在。其实，石头是人类的亲密伴侣，从几十万年前起，它就是人类生活中的必需品。也许就是在居住的山洞外边不远处，一个原始人看到一块合适的石头，随手捡起来，经过笨拙的打制加工，这块石头就成了一件劳动时的趁手工具。

几十万年过去了，人类发现石头的种类很多。除了作为工具使用，还可以作为装饰品。比如美丽的绿松石，颜色鲜艳，特立独行，磨成珠，钻了孔，戴在身上，实在是太美了。还有一种神奇的石头，就是"玉"。古人认为玉的本质其实还是石头，只不过是美丽的石头。但玉这种美丽的石头在古人眼里是最特殊的，他们认为这种石头具有美好的品德，比如玉的温润光泽，不是璀璨耀眼的，很温厚。

中国人对玉的特别热爱持续了成千上万年，用玉来制作各种饰品、日常用品、摆件⋯⋯工艺也越来越精美。故宫博物院里有一件很大的玉雕，用玉雕刻了大禹治水的故事，至今还放在宁寿宫珍宝馆，堪称难得的珍宝。这个玉山特别大，有两米多高，近一米宽，重达 5 000 千克。这是一块温润而质地细密坚硬的青玉，雕刻的是中国古代最打动人的故事——大禹带着人们用各种工具开山凿石的热烈劳动场面。

大禹治水图玉山是清代乾隆年间诞生的艺术品。乾隆皇帝特别说明，制作这种玉雕是为了歌颂大禹治水的功绩，并且告诫后世子孙，如果是为了追求珍玩，绝不允许如此靡费。

在古代，除了绿松石、玉、玛瑙等美丽的石头，贵金属也是人们永恒追求的对象。但是黄金难得，所以古人就幻想有神仙能够把石头变成黄金，这种神奇的法术，叫作"点金术"。

点石成金：把石头变成黄金

晋代有个人叫许逊，他生性好道，一边研究道教学说，著书立说，传播道教经典；一边清静无为，坚持修炼。

许逊非常博学，通经史，还懂得天文、地理、医学、阴阳五行等。他奉行孝悌、忠信之道，并以此教化乡人，得到了乡人的尊敬。朝廷多次派人来请许逊出山去做官，他一直推辞不去。最后实在是推不过了，才出任了一方县令。

许逊当县令时十分清廉，提倡仁孝，时常亲近贤人，远离奸佞小人。大灾时，许逊给乡民减轻赋税，平时又常以自己的医术救治病人，百姓对他感激涕零，人人赞颂他的功德。

有一年，遭逢天灾，田里庄稼颗粒无收，县里百姓实在无力再缴纳赋税。于是许逊就让大家一人挑一担石头来。等到石头挑来了，放在一起，许逊就施展法术，以手指一点，那些石头就都变成了金子，这些金子补足了百姓应该缴纳的赋税。

许逊做了十年县令后弃官归家，继续修炼道术，据说后来羽化升仙。

这个故事出自《列仙传》，后来总结出一个成语，叫作"点石成金"，比喻把不好的或平凡的事物转变为美好的事物。

小贴士

"青铜"是我们今天的叫法，因为我们看到的青铜器上都有厚重的锈迹，铜锈是青绿色的，所以满身铜锈的古代铜器被称为青铜器。其实没有生锈的铜器是金光灿灿的，像黄金一样，所以周代把青铜叫作"吉金"。

汉代时，黄金提纯技术已很发达。汉代的金饼、马蹄金、麟趾金虽然达不到今天说的千足金的纯度，但也能达到97%~99%的纯度。

和玉有关的文物

青玉大禹治水图山子

清代，故宫博物院宁寿宫珍宝馆。

大禹治水图玉山用料采自新疆和田密勒塔山。在雕刻之前要先准备好样稿，治水图样稿是清宫所藏的宋代古画《大禹治水图》，由扬州工匠依照图样精心雕刻而成，然后再把成品送到北京。从开采到完工，历时十几年。

为了安放这件稀世之宝，乾隆皇帝还下令用铜铸造了山形的底座，并且亲自赋诗赞颂。

19

塞翁失马：换一个角度看世界

驹尊

　　北朝民歌《木兰辞》里描写了即将上战场的士兵要准备的战略物资。首先就是"东市买骏马"，可见这是上战场最重要的一件事。然后又买了鞍鞯、辔头、长鞭，也都是和马有关的。唐代诗人杜甫写的《前出塞》讲了在战场上打仗的经验，"射人先射马，擒贼先擒王"，可见马甚至能在战场上决定胜负。

　　尤其在西周、春秋时期，打仗是以车战为主，马就更重要了。中国国家博物馆的西周青铜器驹尊，也表现了在那样的社会情况下，作为西周最高统治者的周王，对于养马这件事的重视程度。

马是国家重要的战略物资

古代的马特别受重视。《诗经》里有一首《駉》，兴致盎然地描写了春秋时期鲁国养马的盛况。诗歌详细描述了原野上奔跑的各种马，又高大又健壮，以及这些马有什么体貌特征。

在中国国家博物馆里有一个展厅专门展览中国古代重要的文物，最能反映中国古代历史的文物。其中有一匹铜铸的小马驹，在众多耀眼的文物里好像并不是十分起眼，但是这匹小马驹特别重要，它是三千多年前西周时期铸造的。

西周时的王有很多马，这些小马从生下来就被精心喂养，有专人负责调配饮食，不但要吃饱，还要吃好。马生病了还有专门给马治病的医生。同时有人专门观察这些小马，看看哪一匹能胜任为王驾车，哪一匹适合跟着王去打猎，还有哪些能力差，那就只能去打杂了。

经过精心调养、细致观察，等到这些小马驹两岁的时候，要举行一个"成年礼"，就是正式给它们戴上马具，比如说套上笼头之类。然后这些经过考核的小马就要正式地进入王的马厩，真正开始为王服役了。

给小马举行成年礼是件大事，要由周王亲自主持。可见当时对于马的重视程度有多高。

当然以上说的只是天子家养马才能达到的精细程度，一般人家里就没有这么讲究。但在一般人家里，马也是非常贵重的物资，如果一匹马跑丢了也是大事，是很大的损失。不过有的时候坏事也能变好事。

塞翁失马：坏事可以变好事，好事也可以变坏事

边塞有一家人，家里的老人养了不少的马。有一天，家里有一匹很精壮的马突然跑丢了。家里人觉得特别可惜，老人的儿子也不甘心，总是出去寻找。

老人跟儿子说："不用去找了，顺其自然吧。就算马丢了，也不见得就一定是坏事。"果然，没过几天，那匹马自己回来了。回来的不止一匹马，还带回来一匹，是塞外胡人的骏马。这下好了，坏事变好事，皆大欢喜。家里人特别高兴，邻居也来道贺。只有老人淡淡地说："无故捡回来一匹马，看着是好事，其

实也不一定啊。"

　　果然又让老人说中了。老人的儿子从小养马、骑马，所以特别爱马。这次得到了胡人的骏马，膘肥体壮跑得快，年轻人非常喜欢这匹马。但问题是，这马的脾气不好，年轻人骑马的时候从马上摔下来了。很不巧，这一摔还把腿摔断了，年轻人的腿从此瘸了。大家纷纷觉得惋惜，只有老人并不那么伤感，还是说："顺其自然吧，也不一定是坏事。"这一次，大家都私下议论，觉得这话说得太有问题了，儿子腿瘸了难道还会是好事吗？

　　又过了一年，塞外的胡人大举入侵，朝廷大规模征兵，年轻人都要入伍去作战。边塞附近的人家很多年轻男子出征都丢了性命，只有老人的儿子，因为腿瘸了不够资格去当兵，这反倒救了他一命。

　　这个故事出自《淮南子》，总结为一个成语，叫作"塞翁失马"，也叫"塞翁失马，焉知非福"。意思就是说，一时受到一些损失并不一定是坏事，也许同时还存在着一些好处。或者说，就算是坏事，在一定的条件下也有可能变为好事。

和马有关的文物

"盠"青铜驹尊

西周，中国国家博物馆。

驹尊出土于陕西省宝鸡市眉县马家镇西周窖穴，它的上面有长长的铭文，记载了这样一件事：西周中期，有个贵族叫"盠"（lí），他在甲申日参加了一个由周王亲自主持的"执驹礼"，地点在辟雍大池之岸。周王赏赐了盠两匹马驹，盠就铸造了驹尊作为纪念。

两岁的小马叫"驹"。执驹礼就是让小马离开母马，升入"王闲"，从此成为"服马"。王闲就是王的马厩，服马是拉车的马，而且是中间夹辕的主力，边上的则是"骖（cān）马"。

"执驹"是初次给小马套上马具的仪式，这要由周王亲自主持。

20

平步青云：美丽的云带来了无尽的联想

勾云形玉佩

　　屈原写的《九歌》里有一位男神"云中君"，云中君就是云神。屈原运用自己超凡的想象力，描写云中君穿着华丽的礼服，乘着用龙驾的车在天上自如地周游。这种想象正是基于天上的云忽来忽往、舒卷浮游的样子。

　　云卷云舒一直是深受古人喜爱的图景，古人照着云的样子画成纹饰，用来装饰青铜器、漆器、铜镜、衣裳……让云的样子遍布自己的生活环境里。

变幻无穷的云

早在五千多年前，古人就喜欢上了云，并且还用当时最珍贵的材料"玉"来模仿云的形状，制作了玉佩。中国国家博物馆有一件五千多年前的红山文化勾云形玉佩，虽然用的是玉这样细密坚硬的材质，但是勾卷之间又有着云的丰厚绵软。

青铜时代把云纹铸在青铜器上，汉代把云纹织在美丽的锦上，唐代把云写进优美的诗句里，宋、元把云纹刻在金器上。历代的画家也格外喜欢画春山晴雨、云山墨戏。

古人认为，天、地、自然万物都各有其专司的神灵。不只有天神、地神，太阳、月亮、星辰、风、雨、雷、电都各自有神。云中的神名字叫"丰隆"，丰隆的意思就是形容天上的云堆积起来的样子。

云里不仅有云神，还有各种神仙，以及神仙住的宫殿。古人认为神仙住在很高很高的九重天上，那里的云是青色的，所以也叫"青云"。青云就是指高空，是神仙的地界。

平步青云：背后也有屈辱和辛酸

战国时期有一个叫范雎的人，这个人特别能忍辱负重，甚至到了一般人难以想象的程度。

范雎出身贫贱，但特别擅长游说，他想辅佐魏王，却被魏王身边的侍从须贾怀恨在心，向魏相魏齐诬告。魏齐让人痛打范雎，把他的肋骨都打折了，牙齿也被打落了，眼看着人就要被打死了。范雎很聪明，于是就装死，被人用席子裹起来扔在厕所里，宾客都往范雎身上撒尿。这样的侮辱，范雎都忍下来了。

范雎化名张禄，逃到了秦国，想办法见到了秦王。因为他能言善辩，指出秦国政权的要害，并想办法帮秦王解决问题，慢慢就得到了秦王的器重。范雎当了秦国的相国，但这个时候魏国的人并不知道，还以为范雎早已经死了。

后来秦国要攻打魏国，魏王派须贾出使秦国。等到须贾到了秦国，住进了使臣居住的驿馆后，范雎来拜会须贾。范雎穿着破衣服，显得非常落魄的样子。须贾已不记恨范雎了，见范雎没死，而且这么落魄，便赠送了一件袍子给范雎，并留他一起吃饭。

须贾随口问范雎，一直住在秦国，是否认识秦国的相国。范雎说认识，还可以带须贾去拜见相国。须贾很高兴，没多想，就跟着范雎一起去了。等到了相国府，范雎让须贾等一会儿。等到范雎再出来的时候，他已经换了衣服，须贾这才知道原来范雎就是秦国的相国。于是须贾脱掉上衣露出后背，并跪下来用膝盖行走，来向范雎请罪。须贾懊悔地说："我没想到您能到达青云之上啊。我的罪过足够让您把我扔进汤锅里煮了。我请求您把我扔到荒郊野外，狐狸出没的地方，生死全凭您发落了。"

范雎认为须贾在以为自己落魄时能够赠送袍子，邀他一起吃饭，还是有情义的。最后还是把须贾放回魏国去了。

这个故事出自《史记》，后来总结出一个成语，叫作"平步青云"，比喻一个人一下子就登上很高的位置。

彩绘漆云龙纹耳杯

玉云纹剑首

剔犀如意云纹方盒

和云有关的文物

勾云形玉佩

　　新石器时代，中国国家博物馆。

　　勾云形玉佩出土于辽宁省朝阳市凌源市牛河梁遗址，是史前红山文化的玉器，形状就像是卷曲的云。这种玉器是红山文化所特有的。在红山文化之前更久远的年代，没有在别的考古文化遗址见过这种形状的玉器。在新石器时代之后的商周时期，也没有再看到对这种玉器的继承。红山文化距今有五六千年的历史，主要分布在内蒙古自治区中南部和辽宁省西部。玉器呈现了红山文化最主要的文化内涵，红山玉器的造型和题材独树一帜、与众不同。勾云形的玉佩不只有一件，而是一个大类，这一大类的造型是红山文化玉器非常重要的特有造型之一。

21

门可罗雀：陪伴人类的还有它

一般来说，"雀"主要是指麻雀。麻雀活泼大胆，有人居住的地方经常有麻雀。李白的诗里描写麻雀生活在空城楼上，吃秕糠这样的劣米或是谷物的壳，还要受到其他禽类的欺负。可见在世人眼里，麻雀远远比不上高贵美丽的孔雀。"雀"有时也泛指平凡的、一般的小鸟。"燕雀安知鸿鹄之志""螳螂捕蝉，黄雀在后"都是泛指。

不过叫"雀"的鸟也有特殊的，比如"朱雀"。朱雀是神鸟，汉代人认为，朱雀能驱除灾邪、招来祥瑞，所以常在器物上装饰朱雀的形象，朱雀踏虎、朱雀衔环，都是很常见的造型。

古人也很喜欢鸟

今天我们去动物园的时候往往会对那些可爱、机灵又美丽的鸟儿特别有兴趣，毛色艳丽的鹦鹉、奇异的巨嘴鸟、跑得飞快的鸵鸟……其实古人和我们一样，也特别喜欢鸟，甚至崇拜鸟。

商代的人相信始祖的母亲是吞了燕子生的蛋才生出自己的祖先。商人还喜欢猫头鹰，认为它勇猛，甚至把酒器都做成猫头鹰的形状。凤鸟也是深受商人喜爱的鸟，中国国家博物馆里有一件商代的玉凤，是从殷商时期一位王的妻子墓中出土的。

古代还有一种地位特别高的神鸟叫"朱雀"。朱雀曾经一度被认为是创世的神鸟，和青龙、白虎、玄武一起创造了天地，合称为"四神"。同时，朱雀又是代表南天星空的神明，二十八星宿里南天星空的星座都归朱雀统辖。汉代常常把青龙、白虎、朱雀、玄武的图纹用在瓦当上，称为四神纹。

河北博物院有一只非常精美的西汉朱雀衔环杯，通体金光闪闪，还镶嵌了绿松石。这杯的造型是一只站立的朱雀，它口中衔环，左右两个翅膀下面各有一只杯子。这只精美漂亮的朱雀衔环杯属于西汉中山靖

王刘胜的王后窦绾。猜猜这个造型别致的朱雀衔环杯是做什么用的？也许它并不是酒杯。杯子里有朱红色的痕迹，据推测有可能是盛放胭脂、口脂类化妆用品的。

朱雀这种神鸟实属罕见，但一般的鸟雀却并不难得，可能在自己家门前就能见到。一般人多的地方，鸟雀也不大可能落地。

如果有一天，家门口没人上门，反倒落了一地的鸟雀，那是怎么回事呢？

门可罗雀：家门口冷清得只有鸟了

中国第一部纪传体通史，是西汉史学家司马迁写的《史记》。"纪传体"的意思是这部书不是按时间像记流水账一样写下来的，而是以人物传记形式来写的。历史人物那么多，写谁，不写谁，司马迁是怎么取舍的呢？除了圣人、贤才、王侯、名臣……还有就是作者本人设定的一些标准。

比如司马迁非常不喜欢当时西汉社会的世态炎凉，所以他特别以耿直、忠正、清廉的人作为典型来写传记。司马迁写过汉代两位特别正直廉明的大臣——汲黯和郑当时。

汲黯为人特别庄重严肃，而且非常有原则。如果汉武帝做了不对的事，汲黯会直言劝诫，说话特别直接，不会给汉武帝留面子，所以汉武帝在汲黯面前从来不敢不庄重。比如说，汉武帝曾在厕所里召见大将军卫青，但他从来不敢这样对待汲黯。有一次，汲黯来见皇帝，汉武帝没戴好帽子，吓得赶紧躲到屏风后面去，怕被汲黯看到。汉武帝几次被汲黯的直言不讳气得要命，但他还是一直保全汲黯，并且一直任用他，因为汲黯是真正有利于社稷的大臣。

郑当时则是一个非常清廉的官吏。郑当时身居高位的时候对家里的门卫说过，如果有人来拜访，无论来人身份贵贱，都一定要赶快通报，不要让人家在门口老等着。郑当时也从来不给自己置办产业以增加收入，只依靠朝廷发放的薪水和得到的赏赐生活。他手头并不富裕，即使与人交往送礼物，经常就是送装在竹盒子里的食物而已。

在汉代，普遍的情况就是当一个人身居高位的时候，就会有很多人来巴结他，想和他交往。因为太多人来拜访，以至于这个人家门口人来人往，热闹得就像集市一样。可如果这个人被贬官了，情况马上就会发生变化。昨天还热闹得像市场一样的大门口，今天马上就变得冷冷清清。冷清到什么程度呢？连鸟雀都敢落地，完全可以张开网来捕了。

后来就有了一个成语，叫"门可罗雀"。形容一个人一旦失势或是事业受挫，由盛转衰，很快就会被世人冷落。

和鸟有关的文物

铜朱雀衔环杯

西汉，河北博物院。

出土于河北省保定市满城汉墓。在汉代，神话里的朱雀很受人喜欢，经常被应用在器物上，朱雀瓦当、朱雀灯……朱雀衔环是汉代一种经典造型：一只朱雀昂首直立、振翅欲飞，口中衔着一个圆环。这个造型可以应用在不同的器物上，比如喝酒用的玉卮、盛放化妆品的铜杯等。

鸮尊和玉凤

　　商代，中国国家博物馆和河南博物院各收藏一只鸮尊，玉凤收藏在中国国家博物馆。

　　出土于河南省安阳市殷墟妇好墓。殷墟是殷商的都城废墟，妇好是商王武丁的配偶。殷墟妇好墓是中国社科院考古所安阳工作队于 1976 年发掘的。妇好墓出土文物是殷王室墓中最完整的一批。妇好墓共出土完整的玉器 755 件，其中有很多动物造型的玉器，比如马、牛、鱼、龙，也有燕子和凤。玉凤头上有冠，拖着长长的尾巴，姿态高雅。另外，妇好墓也出土了许多青铜器，其中有一对造型非常威武、制作精良的鸮尊。尊是盛酒器。鸮就是猫头鹰。猫头鹰在商代被视为神鸟，用猫头鹰的造型制作盛酒器在商代很盛行。

凤鸟纹石磬（qìng）

商代，中国国家博物馆。

出土于河南省安阳市殷墟妇好墓。商代人说"天命玄鸟，降而生商"。玄鸟是商族人的祖先。商族人用玉制作成各种鸟的形状作为饰品，宴饮盛酒用猫头鹰形的鸮尊，奏乐用的乐器石磬上也刻着凤鸟样的纹饰。这只精工细作的凤鸟纹石磬很大，长 26.5 厘米，宽 8.2 厘米。石磬的表面用很流畅的线条刻了凤鸟，凤鸟的眉目勾喙很清晰。石磬是商代的高等级乐器，只有重要的仪式场合才能使用。

22

天衣无缝：人间也有神奇的"天衣"

素纱单衣（也作素纱禅衣）

　　传说天衣用云霞织成。如果真有"天衣"，大概就像这件素纱单衣一样。"纱"是西汉高级的丝织品，纱做的衣服轻如云霞，淡似烟雾。纱是单经单纬织成，经丝和纬丝捻度不同，经丝弱捻，纬丝强捻，两种捻度不同的丝物理性质有区别。受干湿度影响，强捻的纬丝会绉缩，在纱的表面形成谷粒样皱纹，整体感觉很立体。

衣服的"进化"

人类最初的"衣服"，往往直接采用天然的材料，比如树叶、兽皮。但是在新石器时代，聪明的人类发现，有些麻类植物的茎上的皮可以剥下来，用纺轮纺成线，把这些线织成布，就可以用布来做衣服，只不过这种麻布比较粗糙。同样在新石器时代，人类发现，有一种小虫子可以吐丝，这种小虫子叫"蚕"。用蚕吐的丝编织出来的织物要美丽得多，制作的衣服穿起来也会舒服很多。

对衣服的追求是人类永恒不变的话题。人们用的衣料越来越好，不但有了丝绸，还要在丝绸上刺绣。从最早的保暖、保护身体，到后来不但要美，还要有礼仪性的功能，比如说什么样的身份穿什么样的衣服，什么样的衣服更庄重肃穆等。

到了汉代，纺织技术水平得到了极大的提高，我们现在知道的世界上最轻的一件衣服就来自汉代。这件衣服就是湖南博物院收藏的素纱单衣。这件衣服不到一两重，捧在手里就好像没有拿东西一样。素纱单衣是透明的，把它展开来看，就像是烟雾一样。

制成这件衣服的"纱"是真正的丝织品，是用蚕吐的丝织成的。但是今天的蚕吐的丝已经不能再织成这样的纱了。因为今天的蚕比西汉的蚕个头大，吐的丝更粗。南京云锦研究所费尽心思实现了高仿真复制。用的办法是采用特殊饲料喂养蚕，这样蚕的个头得到控制，不会太大，吐出来的丝也比较细。用这样的丝纺成纱，终于制成了一件重量49.5克的仿真素纱单衣。比真正的马王堆素纱单衣仍然重了0.5克。这个过程历时十三年，最终得到三件复制品，除了一件交由国家保管，剩下两件分别收藏于湖南博物院和南京云锦研究所。

在传说故事里，也有一件神奇的衣服，穿在一位仙女身上，而且缝制工艺相当特殊。

天衣无缝：仙女穿的衣服

唐朝有一个人叫郭翰，他读过很多书，知识渊博，很有才华，能作诗，会画画，还是一个性格诙谐幽默的人。

某一年盛夏的夜晚，郭翰在院子里乘凉，他躺在榻上仰望天空。天上一轮明月当空，清风徐徐，吹在人身上非常舒服。正当郭翰赏月的时候，他忽然发现有一个白色的影子从月亮上飘下来，接着就看到一个白衣飘飘的仙女从天上缓缓降下来，落到郭翰家的院子里。

　　郭翰以为自己眼花了，他坐起来使劲揉了揉眼睛，确实有个仙女站在他面前。郭翰问："你是谁，从哪儿来？"仙女回答他说："我是天上的织女。我在天上就听说你是人间最博学、最有才华的人，所以很好奇，想来看看你。"

　　郭翰说："既然你从天上来，那你能给我讲讲天上的事吗？"仙女说："行啊，你想知道什么？"郭翰很好奇地说："我什么都想知道。"于是织女就讲起来：天上四季如春，没有严冬，也没有酷暑，树木常青，鲜花不败，枝头鸟儿鸣唱，水中鱼儿欢游……郭翰听了问道："天上那么好，你为什么还到人间来？"织女说："因为天上的一切总是永恒不变。"

　　郭翰说："既然你是从天上来的，你拿什么证明呢？"织女说："你来看我的衣服。"郭翰仔细看，发现织女的衣服所用的衣料他从来没见过，就像天上的云一样，而且织女的衣服没有针线缝过的痕迹。郭翰向织女请教这是什么衣服，织女笑道："这是天衣，天衣不是用针线缝制的，所以说天衣无缝。"

这个故事出自《灵怪录》，人们根据故事总结出成语"天衣无缝"，后用来比喻事物浑然天成，非常完美，没有破绽。

和衣服有关的文物

素纱单衣

西汉，湖南博物院。

素纱单衣出土于湖南省长沙市马王堆汉墓，它的主人是一位生活在两千多年前的贵妇，被称为"辛追"。她死后之所以能被厚葬，拥有众多珍贵的陪葬品，是因为她有一个身份地位很高的丈夫。辛追的丈夫叫"利苍"，是西汉初期长沙国的丞相，而且被封侯，拥有贵族身份。

23

愚公移山：人的意志比山更坚定

《千里江山图》（局部）

　　山是古人倾慕的美景。人登上山顶，能体会到"会当凌绝顶，一览众山小"。人在山中时，"横看成岭侧成峰，远近高低各不同"。当山在远处，推窗能看到"窗含西岭千秋雪"。当山在近处，"空山不见人，但闻人语响"。

　　山是一种意境。故宫博物院馆藏的北宋名画《千里江山图》，就是一种意境的极高体现，是宋代美学的经典之作。

图画里藏着最传奇的山

古人认为适合人居住的地理条件，讲究"坐北朝南"：要求北边有山，南边不远处有河。背后有山就能挡住从北边来的寒气，南边有河可以提供饮用水资源。生活在旧石器时代的北京猿人，他们的居住地在北京周口店龙骨山的山洞里。北京猿人的居住地基本就符合这个条件。

古人对山有种迷恋，文艺创作中经常会出现"山"这个主题。唐诗中有很多脍炙人口的山水诗，比如李白那首著名的《望庐山瀑布》："日照香炉生紫烟，遥看瀑布挂前川。飞流直下三千尺，疑是银河落九天。"这首诗描写的就是江西九江庐山的香炉峰。山顶云雾缭绕，就好像点燃了一炉香，轻烟袅袅的样子。一条瀑布从山顶奔流而下，异常壮观。

古人不仅喜欢写山，还喜欢画山。古代有山水画派，就以描绘山川自然景色为主题。历代以来，以山水画闻名的画家有很多，他们的精彩画作也有很多。如果一定要选一幅山水画把它称为"千古第一名"，北宋的《千里江山图》可以说几乎没有争议。这幅画是故宫博物院的藏品。《千里江山图》以"山"和"水"

作为主要描绘对象。山是现实里的山，但通过艺术表现更为险峻壮丽。水也是现实里的水，但通过艺术表现更为波澜壮阔。《千里江山图》里的山山水水既呼之欲出，又不知所出，让人心里有所呼应，又带着十分新奇的向往。

画上的山水美得令人心醉。不过，如果家门口有两座大山挡着，又会是什么情景呢？

愚公移山：古人是怎么清障的

有一位烦恼的老人，这位老人名叫"愚公"。愚公的家门口有两座大山，一座叫作"太行"，一座叫作"王屋"。按理说，家门口有山，风景很美，这是好事。但是真住在这儿，愚公就发现，出入交通非常不方便，每次出门都要翻山越岭。

愚公把家里人都召集到一起开会，让大家集思广益。一时没有什么很好的办法，愚公就提出了自己的建议。愚公说："这两座大山挡在我们门前，严重阻碍交通。我和你们一起，把这两座大山铲平了，让大路从我们家门口一直通到最繁华的地区，怎么样？"

家里人觉得这个建议虽好，但不太可能实现。两座山那么大，就凭这几个人，什么时候能铲平？再说把山铲平了，那些土又堆到哪儿去？而愚公这时候都已经九十岁了，还能干几天？

愚公鼓励家里人，只要坚持下去，总有一天能实现愿望。于是，愚公就带着儿孙中三个能挑担子的开始干起来。邻居家有个七八岁大的小孩也蹦蹦跳跳地跟着一起。他们把从山上挖的土装在担子里，然后挑着担子向渤海走去，把土倒在海边再回来。这一趟可不近，一年也只够往返一次的。

有人讥笑他们，认为愚公太蠢了。愚公说，我干不完有我的儿子，儿子生孙子，孙子又生儿子，子子孙孙无穷无尽，总有一天能干完。

山神受不了了，怕愚公真把山给挖得七零八落，就赶紧报告天帝。山神请求天帝给自己另找一个安身之处，天帝就让大力神把太行山和王屋山搬走了。愚公家终于交通方便了。

这个故事选自《列子》，后来总结为一个成语"愚公移山"，比喻不畏艰难险阻，做事有恒心，有毅力，一定能克服困难。

和山水有关的文物

《千里江山图》卷

　　北宋，故宫博物院。

　　《千里江山图》的作者是十八岁的天才
少年王希孟，他是北宋末年宣和画院的一位

画师，得宋徽宗亲自教授，一生只画了一幅《千里江山图》。

《千里江山图》大气磅礴，布局宏阔，色彩鲜明，纵观全卷，有气吞山河之势。

24

四面楚歌：音乐的巨大作用

《听琴图》（局部）

　　北宋宋徽宗是一个擅长书法和绘画的人。宋徽宗作画讲究写实，也讲究意境。故宫博物院收藏的《听琴图》就是宋徽宗的作品。画里的情景非常清静安逸，似乎没有一点尘俗，实际上这个时候北宋的政权已经是岌岌可危、四面楚歌。据考证，《听琴图》创作的年代距离北宋灭亡仅仅只有十年。北宋灭亡以后，宋徽宗和儿子宋钦宗都被金军俘虏，押送北上。

音乐是人类永恒的伴侣

音乐是人类最好的伴侣。早在原始社会时期，人类就会模仿自然界的风声、雨声、鸟叫声，以及在劳动中自然而然形成有节奏的音调，这些原始音乐让人心情愉悦，备受鼓舞，并且非常有感染力。今天的我们仍然喜欢音乐，喜欢听各种乐器的演奏。

在古代，音乐可以是一个大众的爱好。《诗经》里的"国风"就是当时的民歌，田间的农夫、摘野菜的少女都可以高歌一曲。音乐也可以是一个很高雅的爱好。唐代诗人白居易的《琵琶行》描写的就是出自宫廷教坊司的琵琶曲，听起来如同仙乐，让人耳目一新。

宋徽宗除了擅长书法和绘画以外，也特别爱好音乐。故宫博物院收藏的《听琴图》，描写了演奏和欣赏音乐的场景。画上有着苍松翠竹，香几上焚着香，一个人坐在松树下抚琴，另外两个人一脸陶醉的样子。苍松翠竹和袅袅升起的烟很巧妙地表达了环境氛围。尽管我们隔着画面，根本听不到音乐的声音，但仅仅是看画面中人物的神态，就已经知道这音乐有多么动人了。

音乐能感染人的情绪，有时是鼓舞人，让人觉得陶醉；有时也能让人彷徨不安，甚至产生更严重的后果。

四面楚歌：歌声的巨大作用

秦末楚汉相争，"楚"是指西楚霸王项羽，"汉"是指汉王刘邦。项羽原本是战国时楚国的贵族。项家世世代代在楚国为将军，项羽的祖父项燕更是楚国的名将。可以说，项羽是地地道道的楚国人，深受楚国各种习俗的浸润。

楚汉相争进入决战前，项羽和刘邦以鸿沟为界，暂时达成协议中分天下。但是刘邦已经决定要消灭项羽，所以说服了韩信与彭越这两股强大的势力和自己一起攻打项羽。项羽率领楚军撤退到垓（gāi）下，刘邦的汉军把楚军团团包围。楚军兵少而无粮，陷入了

绝境。

这时候，刘邦让人在晚上唱起了楚地的民歌。项羽是楚人，在这样的绝境里听到夜晚四处都是楚地歌声，觉得非常伤心。项羽所率领的楚军也以为是刘邦的汉军已经平定楚地，楚军随之军心瓦解。

项羽准备突围。他有一个一直相伴左右的美人叫"虞姬"，项羽作歌一首唱给虞姬："力拔山兮气盖世，时不利兮骓不逝。骓不逝兮可奈何，虞兮虞兮奈若何？"意思是说，我曾经是一个力气可以拔山的勇士，但是时势不利让我败给刘邦，现在我的乌骓马还有虞姬，我该拿你们怎么办呢？

虞姬听了这首歌，也作歌一首，唱道："汉兵已略地，四面楚歌声。大王意气尽，贱妾何聊生？"虞姬也以为汉军已夺得了楚地，所以周围都是楚地歌声。虞姬最后自刎而死，项羽突围后也在乌江自刎了。

这个故事出自《史记》，后来总结为成语"四面楚歌"。形容一个人或某种事物遭受各方面攻击或逼迫，四面受敌、陷于绝境。

和音乐有关的文物

《听琴图》轴

　　北宋，故宫博物院。

　　画上有蔡京所题的七言绝句："吟徵（zhǐ）调商灶下桐，松间疑有入松风。仰窥低审含情客，似听无弦一弄中。"右上角有宋徽宗赵佶所书瘦金体的"听琴图"三个字，左下角有"天下一人"的花押。

　　据推测，画中的三个人，弹琴的是宋徽宗本人，听琴的是蔡京和童贯。

石峁（mǎo）口簧

　　新石器时代，陕西省考古研究院。

　　口簧看起来就是一个长方形的薄片，宽只有一厘米，长八九厘米。它非常薄，薄得像纸一样，是用牛的肋骨磨制而成的，十分精致。演奏的时候要用手指捏着，把这个小薄片轻轻含在嘴唇中。口簧的一侧有个圆孔，是用来系绳子的。演奏的时候，用口腔呼出气流同时拉动绳子，口簧就会因为振动而发出声音。

25

人为刀俎，我为鱼肉：最危险的事情

「王子臣」青铜俎

　　没有凳子、椅子等高坐具的时代，大家都是席地而坐。早在原始社会，人们坐在地上的时候就会铺席。从先秦到两汉，席地而坐的讲究就更多了。夏天的时候铺各种草编的草席，冬天铺熊皮制作的熊席。坐着的时候要先跪，脚背贴地，再把臀部放下来，叫"跪坐"。还有一种坐姿叫"踞坐"，也是先跪，但脚部是脚趾着地、脚掌直立，臀部放在自己的脚后跟上。

　　宴饮时，都是单人独席，还需要一个放食物的物件，也就是"俎"。

切肉的砧板

中国国家博物馆里藏有一件春秋时期的青铜器，叫作"王子臣俎"。它长得有点像个小板凳，有一个平面和四条长腿。"俎"的功能其实就和切肉的砧板一样。"王子臣"是楚国的一位王子，名"臣"，所以叫"王子臣"。这个俎是王子臣命人铸造的。

古代祭祀时，要给神灵奉上肉，就要用到俎这种器具。另外，宴会上也需要用到。春秋时期，宴会时不是大家围着一张大桌子团团而坐，而是每个人有单独的座席，食物也是每人一份。吃肉的时候把肉放在俎上，用"匕"切成小块。匕有不同的类型，有的像长柄刀，能切肉；有的像长柄勺，能舀汤。如今在内蒙古草原上吃当地的"手把肉"，也是自己一边切一边吃，这是一种乐趣。

历史上有一场著名的"鸿门宴"，这场宴会又有什么和俎相关的故事呢？

人为刀俎，我为鱼肉：这可就糟糕了

鸿门宴是项羽给刘邦设的宴会。刘邦先入关中，项羽很生气，就在鸿门这个地方设宴请刘邦来，想问问刘邦是怎么回事。有人劝项羽，说刘邦将来一定是个祸患，应该把刘邦杀了，以绝后患。

刘邦知道自己的实力还比不上项羽，所以表现得很谦恭。他在鸿门宴之前买通了项羽的叔叔项伯。来赴宴的时候，又给项羽和项羽的谋士亚父范增都送上厚礼。刘邦一再向项羽表白自己绝无二心，是无意中赶在项羽之前入了关中，并一再向项羽谢罪。项羽是个犹豫不决的人，这时候就不太想杀刘邦了。

亚父范增看项羽下不了决心，就让项羽的弟弟项庄假意舞剑助兴，寻找机会杀了刘邦。这时候项伯出来和项庄对舞，保护刘邦。刘邦手下的勇士樊哙（kuài）拿着盾牌闯进来。但项羽并没有把闯进来的樊哙杀掉，反倒赐他一条猪腿。樊哙没有座位，也没有俎，就把自己的盾牌当作俎，用自己的剑切肉吃。

樊哙再次替刘邦辩白，说刘邦进入咸阳以后，不敢取用任何东西，全都封存起来，等待项羽前来，绝对没有二心。如果这样项羽还要听信谗言怀疑刘邦，那就会让天下忠于项羽的人都寒心。项羽更犹豫了。

过了一会儿，刘邦借口上厕所，从宴席间溜出去了，还把樊哙也叫了出去。樊哙让刘邦趁着这个机会赶紧溜走。刘邦觉得不告而别不太好。樊哙很生气地说："这都什么时候了？人家是准备好了砧板和刀，我们就是那砧板上的鱼和肉。现在不走，还真等着被剁吗？"于是刘邦听了樊哙的话，趁这个机会逃走了。

这个故事出自《史记》，后来总结出一个成语叫"人为刀俎，我为鱼肉"。形容生杀大权掌握在别人手里，自己处在被宰割的地位，非常危急且被动。

和宴饮有关的文物

"王子臣"青铜俎

春秋时期，中国国家博物馆。

王子臣俎是春秋时期一位楚国王子所拥有的食器。这是目前唯一带铭文的青铜俎，上面刻有八个字，写明了是王子臣铸造的这个俎。所刻文字是春秋时期楚国用的鸟篆。

26

不鸣则已，一鸣惊人：在沉默中蓄力

　　鼓是中国出现得很早的乐器。早在新石器时代就出现了鼓，有陶鼓，也有鼍（tuó）鼓。陶鼓是用陶土烧制的，鼍鼓是用鼍皮蒙的鼓。鼍就是扬子鳄。鼓是威严的庙堂乐器，代表庄重的权力。春秋时，军队作战用建鼓，一个底座上直立着一根竿子，鼓就像串糖葫芦一样串在竿子上。这种鼓用在军阵中，打仗的时候鼓舞士气。因为楚人以凤凰为图腾，楚地的鼓架就装饰了凤凰。

神奇的鸟叫声

鸟儿的鸣叫是大自然特有的音乐，甚至被认为是大自然中最美好的声音。

中国的古诗里也有很多写到鸟儿鸣叫的。比如我们熟悉的"两个黄鹂鸣翠柳"，就是一幅带着声音的图画。诗圣杜甫写的"留连戏蝶时时舞，自在娇莺恰恰啼"，则是农家院里的美好风景。

凤凰是古代的神鸟，凤凰如果鸣叫了，就象征着吉祥、祥瑞。据说在商朝末年，有一只凤凰飞到周族人居住的岐山上鸣叫，周族人认为这是祥瑞之兆。后来周族人取代了商朝，建立了周朝。周朝把凤凰视为吉祥的神鸟，经常把凤凰的形象用在器物的制造上，比如雕琢的玉凤，还有青铜器上的凤鸟。

其实楚国人也特别爱凤凰。在湖北省博物馆有一个虎座鸟架鼓，就是两只引吭高歌的凤凰把鼓驮在背上的样子。楚国崇拜凤凰，认为凤凰是最高贵的神鸟。

有一天，楚王的宫殿里飞来一只凤凰，奇怪的事发生了。

不鸣则已，一鸣惊人：不肯鸣叫的鸟

两千六百多年前，楚国的新君登上王位，这位年轻的新君被后世称为"楚庄王"。

楚庄王成为楚国的国君后，无心国政，三年之中，从未发布过任何政令。楚庄王只做一件事，就是寻欢作乐，日夜不息。他还下命令说，谁敢来劝谏，一律格杀勿论。大臣们很忧心，这样下去，楚国就危险了。于是一个叫伍举的大臣进宫去进谏。

这个伍举非常聪明。他进入楚宫，看到楚庄王喝着美酒，吃着佳肴，歌姬舞女在唱歌跳舞。他并没有直接指责楚庄王，而是问楚庄王："大王，有一件很奇怪的事，我想向您请教。"楚庄王没有防备，就问他："是什么事？"

伍举说："南方的山上飞来一只凤凰，凤凰鸣叫是大吉大利的征兆。可奇怪的是，这只凤凰飞来已经三年了，它既不展翅飞翔，也不肯鸣叫，这是什么原因呢？"

楚庄王听明白了伍举的意思，回答他说："这只鸟是三年不飞，一飞冲天。三年不鸣，一鸣惊人。不信你就看着吧。"

从此以后，楚庄王停止了寻欢作乐的生活，他勤于国政，赏有功，罚有过，训练军队，让楚国强大起来。

早在楚成王在位时，楚国在城濮之战中被晋国打败，晋文公成为霸主。等到楚成王的孙子楚庄王做了国君的时候，楚国终于能在邲之战中打败晋国，一举夺得霸主地位，成为春秋五霸之一。楚庄王甚至饮马黄河，问鼎中原。楚国这个被称为蛮夷的国家，后来成为让中原诸侯惧怕的大国。

这个故事出自《史记》，后来总结出一个成语"不鸣则已，一鸣惊人"，比喻平时并没有突出的表现，却一下子做出惊人的成绩。

和音乐有关的文物

虎座鸟架鼓

  战国时期，湖北省博物馆。

  出土于湖北省枣阳市九连墩楚墓，是一件想象力丰富、造型极富美感的艺术珍品。这是一件乐器，本质上是一面鼓，但最吸引人目光的不是悬在鼓架上的鼓，而是鼓架。鼓架也叫"虎座凤架"，底座是两只卧虎，每只虎的背上直立着一只曲颈高歌的凤鸟。鼓就悬在两只凤鸟之间。奇特的虎座鸟架鼓出土于战国时期一座级别很高的楚墓，墓里出土的文物是楚文化最典型的代表。楚人崇尚凤，虎座鸟架鼓代表了楚文化的特色。

图书在版编目（CIP）数据

博物馆里的成语／沅汰著.—桂林：广西师范大学出版社，2024.3
（少年轻科普）
ISBN 978 – 7 – 5598 – 6708 – 7

Ⅰ.①博… Ⅱ.①沅… Ⅲ.①汉语－成语－故事－少年读物 Ⅳ.①H136.31 –49

中国国家版本馆 CIP 数据核字（2024）第 011713 号

博物馆里的成语
BOWUGUAN LI DE CHENGYU

出 品 人：刘广汉
策划编辑：杨仪宁
责任编辑：杨仪宁　孙羽翎
封面设计：DarkSlayer
内文设计：钟　颖
插　　画：左　雅

广西师范大学出版社出版发行

（ 广西桂林市五里店路9号　　　邮政编码：541004
网址：http://www.bbtpress.com ）

出版人：黄轩庄
全国新华书店经销
销售热线：021 – 65200318　021 – 31260822 –898
山东临沂新华印刷物流集团有限责任公司印刷
（临沂高新技术产业开发区新华路1号　邮政编码：276017）
开本：720 mm×960 mm　1/16
印张：11.25　　　　　　字数：83 千
2024 年 3 月第 1 版　　2024 年 3 月第 1 次印刷
定价：48.00 元

如发现印装质量问题,影响阅读,请与出版社发行部门联系调换。

"少年轻科普" 丛书

跨学科阅读

当成语遇到科学

当小古文遇到科学

当古诗词遇到科学

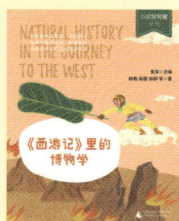

《西游记》里的博物学

科学新知

动物界的特种工

花花草草和大树，
我有问题想问你

生物饭店
奇奇怪怪的食客与意想不到的食谱

恐龙、蓝菌和
更古老的生命

我们身边的奇妙科学

星空和大地，
藏着那么多秘密

遇到危险怎么办
——我的安全笔记

病毒和人类
共生的世界

灭绝动物
不想和你说再见

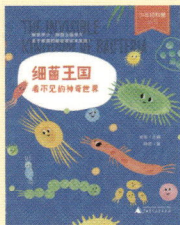

细菌王国
看不见的神奇世界

好脏的科学
世界有点重口味

植物，了不起的
人类职业规划师

人文通识

博物馆里的汉字

博物馆里的成语

博物馆里的古诗词

包含分册：

- 当成语遇到科学
- 动物界的特种工
- 花花草草和大树，我有问题想问你
- 生物饭店——奇奇怪怪的食客与意想不到的食谱
- 恐龙、蓝菌和更古老的生命
- 我们身边的奇妙科学
- 星空和大地，藏着那么多秘密
- 遇到危险怎么办——我的安全笔记

"少年轻科普"小套装（8 册）